丛书编委会

总　策　划：来新国　王文成

编委会主任：郭齐勇　周晓亮

编　　　委：来新国　陈知涯　张　彧　尹格韬　沈　众

　　　　　　王文成　孟淑贤　周长志　罗养毅　秦　丹

　　　　　　乌　琛

大家精要
典藏版丛书

简读
马一浮

刘乐恒　著

陕西师范大学出版总社　西安

图书代号　　SK24N1886

图书在版编目（CIP）数据

简读马一浮 / 刘乐恒著 . — 西安：陕西师范大学
出版总社有限公司，2025.1
　（大家精要：典藏版 / 郭齐勇，周晓亮主编）
　ISBN 978-7-5695-4169-4

　Ⅰ . ①简… Ⅱ . ①刘… Ⅲ . ①马一浮（1883-1967）—
人物研究 Ⅳ . ① B261.5

中国国家版本馆 CIP 数据核字（2024）第 027528 号

简读马一浮
JIAN DU MA YIFU

刘乐恒　著

出 版 人	刘东风	
策划编辑	刘　定　陈柳冬雪	
责任编辑	焦　凌	
责任校对	彭　燕	
封面设计	龚心宇　张潇伊	
出版发行	陕西师范大学出版总社	
	（西安市长安南路 199 号　邮编 710062）	
网　　址	http://www.snupg.com	
印　　刷	深圳市福圣印刷有限公司	
开　　本	889 mm × 1194 mm　1/32	
印　　张	7.125	
插　　页	4	
字　　数	109 千	
版　　次	2025 年 1 月第 1 版	
印　　次	2025 年 1 月第 1 次印刷	
书　　号	ISBN 978-7-5695-4169-4	
定　　价	49.00 元	

目 录

引　言

　　马一浮（1883~1967），名浮，字一浮，号湛翁、蠲叟，以字行。在20世纪的中国学术思想界中，马一浮是一位特立独行、难以界定的人物。他在传统文化领域有着多方面的建树。他与熊十力、梁漱溟并称为现代新儒学的三位奠基者，是"一代儒宗"。他的佛学造诣精湛圆融，被称为"当代中国的维摩居士"。他的诗词圆融清新，寄意弘深，直入盛唐，被誉为"现代诗词三大家"之一。他的书法取精用宏，流畅自如，出入魏晋，被尊为民国书坛的泰山北斗。他对西方思想有过深入学习，但他的学术表达却相当传统。他对现代社会有着深入了解，却坚持以古代书院的方式弘扬学问。上述各种评价汇聚在马一浮一人身上，使得他成为20世纪一道独特的学术风景。可以说，马一浮一生都若即若离地游弋在学术界、文化界的"边缘"与"中心"、"体制内"与"体制外"之间。因此，深入理解马一浮不是一件容易的事。也许是因为马一浮的角色相当特别，因此当代学界研究现代学术思想史时，也往往绕过马一浮。不过，随着研究的深入，随着当代社会各种文化问题的陆续出现，马一浮的学术思想逐渐呈现出它独有的魅力和价值。这本小书试图通过简短的篇幅，勾画出马一浮的毕生经历和思想贡献，展示出他与他所处时代的各种互动，同时对他的思想系统"六艺论"作出具体的论述。

第1章

游学西方　回归国学

早 年 经 历

马一浮的先祖是浙江绍兴的大族。明代以后，马氏一族人才辈出。马一浮的曾伯祖马步蟾、祖父马楚材、本生祖父马尚坤都服膺明代大儒刘宗周，并且成功推动了朝廷将刘宗周配享文庙。马一浮祖父马楚材长于吏事，清咸丰年间主管四川仁寿县的治安。在任期间，云南的蓝朝柱发动农民军攻打四川，马楚材据守仁寿，不屈而死。当时的四川总督优恤马楚材的家属，并让其子马廷培到四川做官。马廷培历任潼川府通判、仁寿县知县。他仁厚爱民，推动教育，深得当地百姓和读书人的爱戴。马廷培夫人何定珠出身于陕西沔县

（今勉县）望族，她跟随马廷培入四川，为马家生下了明璧、明珪、惠芳三个女儿，马惠芳早殇。光绪九年（1883）阴历二月二十五日，何定珠在成都西府街生下了马一浮。马廷培为他的新生儿子取名马福田，字胂余。而"马一浮"的名和"一浮"的字则是少年马一浮根据《庄子·刻意篇》"其生若浮，其死若休"而取的名字。马一浮的幼年生活是在四川度过的，在他六岁时，因为他的本生祖母去世，于是便随着父亲迁回原籍绍兴会稽（今属绍兴市上虞区）居住。

马一浮从小便显示出清高孤逸的气质。他四岁时便跟随启蒙老师何虚舟诵读唐诗，多能成诵。有一次老师问他最喜欢唐诗中哪一句，他脱口便道出李商隐的诗句"茅屋访孤僧"。这使得老师感到惊奇，并对马廷培说："你的小孩将来会成为和尚吧！"虽然后来马一浮并没有出家当和尚，但他一生精研佛学，与僧为伍，落落不群，则颇与他早年的这种清高气质相映成趣。另外，母亲何定珠对马一浮这种气质的形成也起到了潜移默化的作用。她常教导幼年马一浮不要羡慕富贵荣耀的人家，要学习品行贤良的人，并经常为他和两位姐姐讲述古代豪杰的孝义之事。小马一浮曾经玩弄铜钱，她就告诫说："儿幼，宜勿弄此。他日成人，须严立风骨，龌龊事此，将鄙夫之归矣。"母亲的教育更加促成了马一浮超拔流俗、清逸独立的气质与风格。在马一浮十一岁那年，马母自知时日无多，有一天，她指着庭前的菊花，命马一浮作五律一首，限"麻"字韵。马一浮不假思索，应声而就：

> 我爱陶元亮，东篱采菊花。
>
> 枝枝傲霜雪，瓣瓣生云霞。
>
> 本是仙人种，移来高士家。
>
> 晨餐秋更洁，不必美胡麻。

这首诗作得清新俊逸，一般人读起来，多半以为是高人逸士之诗，而不会想到这竟出于十一岁的小儿之口！马母听后，面露喜色，并对他说："儿长大当能诗。此诗虽有稚气，颇似不食烟火语。菊之为物，如高人逸士，虽有文采，而生于晚秋，不遇春夏之气。汝将来或不患无文，但少福泽耳。"真可谓知子莫如母！菊是高人逸士之象征，但同时菊也是晚秋之花，不接春夏暖和之气，因此缺乏润泽丰腴的气象。因此马母预言她的儿子将来不会缺乏文藻感会、逸兴玄思，但会缺乏世俗福泽，将会寂寞无友。正是在这一天的夜里，马母病发，不久即与世长辞，享年三十九岁。

幼年马一浮不但显示出清高孤逸的气质，而且还聪慧过人。马母辞世后，马廷培为儿子延请了当地颇有名望的举人郑目莲先生任塾师，但没多久，郑先生便请辞，理由是他面对这位学生，自愧不如，为了不误人子弟，因此抽身而退。

马廷培听后半信半疑，于是自己亲自教导，后来发现马一浮果然聪敏过人，旁人难及，于是任其自学。没过几年，当时十六岁的马一浮奉父亲之命，到绍兴县城参加县试。据学者研究，当时的考试题目是要用古文词撮合成一文。马一浮的应试文章浑然天成，毫无痕迹，于是夺得首名。当时的绍兴贤达、立宪派领袖汤寿潜读到这篇文章后大加赞赏，执意要将长女嫁给马一浮。1899年秋，十七岁的马一浮正式娶汤氏长女汤仪为妻。

少年时代的马一浮，除了对文学有过人的领悟之外，还试图在学术上下功夫。他自己曾说："自阮芸台（即阮元）刻《学海堂经解》，而治经学者思想为之锢蔽；自魏默深（即魏源）编《经世文编》，而言政治者尽蹈富强窠臼。张南皮（即张之洞）督学四川，刻《书目答问》《𫐓轩语》，当时学者家有其书。吾二十岁前亦尝奉为圭臬，久而无所得，乃知其所举入门各书，多于学者无益。"可见，马一浮在他二十岁（1903）之前，对于阮元、张之洞等清代学者的目录考据之学有着浓厚的兴趣，并视之为学术门径。马一浮之所以有这一取向，无疑是受到当时学风的影响，同时或与他的父亲有一定的关系。马廷培曾任四川仁寿县县令，当时正是马一浮所说的张之洞督学四川并著刻《书目答问》《𫐓轩语》的时期。马廷培深受张之洞影响，马一浮回忆他曾

"宾接庶士，饷以张南皮《輶轩语》及他有用书，士多厉于古学"。因此可以推知，少年马一浮很可能受父亲影响而奉阮元、张之洞之考据目录版本之学为圭臬。

不过，马一浮潜心于传统考据之学的时间并不很长，他二十岁左右，便毅然转向对西方思想的追寻，如痴如醉地吸收西方的各种思想。是什么原因促使马一浮专攻西学的？首先，这与当时中国政治形势与思想风潮有关。马一浮十六岁时，戊戌变法失败，中国积贫积弱，逐渐沉沦于被帝国觊觎、凌辱的境地。这时向西方学习、从西学中寻找救国救民之道的思潮蔚然成风，马一浮也深受这个思潮的感染，这从他当时的诗歌及后来所写的两册游美日记中可见一斑。如《过太平洋示沪中诸子》诗云："国命真如秋后草，党人犹是裤中虮。"又《寄大姊》云："不信神州竟陆沉，天涯独立泪沾巾。"又《寄答大姊三十韵》云："沦亡哀祖国，憔悴为斯民。"这些诗句都表现出他是真心关切国家民族的现实处境才发愤攻习西学的。而马一浮对西学的核心价值也有较清楚的理解，这就是民主与自由。他明确表示自己向西方求索的目的是要寻找到民主与自由的真谛，并将民主与自由的星星之火带回中国，让国家独立并最终建立如美国一般的共和政体。这也可自其诗句中分析出来，如"万里来寻独立碑，丈夫到此自堪悲""我祝鸾光得偕隐，即今双估自由丝""心灵亡后见文明，痛苦相连成历史。君不见白骨千堆染鲜血，百年始造共和业"等等。

马一浮转攻西学的另一个深刻原因，是他遭受了常人难以体验的家庭变故，在这个过程中他感受到现实社会中人性的无常和恶劣，并进而将这种人性的恶劣视为中国现实丑恶、国家民族衰败的根源，因此欲在西学中找到根治这种恶劣人性的方式。马一浮的家庭相当不幸。他七岁时，年长他一岁的三姊惠芳早夭。十一岁时，母亲逝世。十八岁时，父亲中风，瘫痪在床，说话困难。他的二姊明珪素有奇志奇气，她听说血肉最补形气，于是割下手臂上一块肉，与药合在一起让父亲尝，马父尝后果然有些好转，但后来还是每况愈下，在这过程中，二姊由于身体难以支持，最终先其父亲而逝，年仅二十二岁。马一浮十九岁时，父亲最终病逝。二十岁时，在上海游学的马一浮收到家人电报，说他的妻子病危，于是他赶紧回家，遗憾的是，其妻已经于一天前病逝了。这些接二连三的家庭变故，给马一浮带来彻骨的心灵创伤。他在《哭二姊八律》的组诗中感伤地回忆道：

年来家运备艰屯，骨肉相依未虑贫。

尚幸循孩承色笑，那堪帷殡哭萧晨。

百年易尽桑榆景，沧海飘零涕泪身。

能否重泉仍聚首，新营幽冢傍慈亲。

家庭变故、家运艰屯给马一浮带来心灵创伤，让他深切感受到人生、人世的无常。不仅如此，少年马一浮在这个备极艰屯的过程中，还体验到现实人性中的丑恶，让他感受到自己身处"罪恶场"。马氏之侄马镜泉先生曾向笔者忆述一个故事：马廷培从四川回到绍兴上虞老家后，看见家乡许多贫苦大众三餐不饱，生起恻隐之心，于是经常给他们施舍饭食。但是在少年马一浮去赶考县试那晚，马家男性成员都不在家中，接受马家施舍的老百姓当中有几个人顿生歹念，当起盗贼，反过来偷窃了马家的财物，这件事加速了其家道的衰落。马一浮知悉后备感惊诧，他曾对妻子说他怎么也想不通，这些人得到我们施舍，理应感谢我们，但他们却知恩而不图报，反过来干起不义之举。他感受到了人情的无常以及人性的丑恶。"人性""心性"问题便一直困扰着他，促使他向西学寻求解决之道。后来在留美期间，他甚至认为中国数千年的"君权"与"儒教"是使人性丑恶的罪魁祸首。在游美日记中，他记录自己观赏野兽剧，看到一美女"驭五狮子，狮子皆俯首摇尾，听其指挥，跳走有节而不乱"，于是感慨道："嗟乎！猛兽处守笼久，则失其天性，人类亦如是哉。中国经数千年来，被君权与儒教之轭，于是天赋高尚纯美勇猛之性，都消失无余，遂成奴隶种性，岂不哀哉！因观此戏，辄发深慨。"他认为奴隶种性是丑恶的人性，而这丑恶的人性则又造就丑恶的中国社会。他又说："吾支那人，惟能造恶的，日日生息陶铸于恶之下，乃至自己丧失天赋之美性，可哀也哉！"

可见，一方面出于挽救民族危亡的愿力，另一方面则出于对恶劣人性的困惑，马一浮因此将注意力转向西学，试图从中找到解决之道。同时，这两个原因又是相互交织的，因为他认为，只有彻底消除国人的"奴隶种性"，才有可能挽救民族危亡，才有可能建设民主与自由的共和体制，进而惠泽全人类的和平事业。因此，马一浮这时候虽然未能完全理解人性、心性的深层含义，但他已形成了从人性上思考问题的取向。

西风美雨

马一浮认为中国传统的考据之学不能挽救民族危亡，也不能解决人性的问题，于是他毅然向西方学习，全面接受西风美雨的洗礼。新婚不久，他便告别老父和妻子，到上海学习外语。十九岁时，马一浮刚为父亲办完丧事，便又迫不及待地奔赴上海虹口学习英文、法文，并与好友谢无量、马君武等创立《二十世纪翻译世界》杂志社，译介斯宾塞等人的文学、哲学和社会学著作，宣传西方自由、自治的思想。当时他概括自己的志向说："浮之言曰：吾欲倡个人自治、家族自治，影响于社会，以被乎全球。破一切帝王圣哲私名小智，求人群最适之公安，而使个人永永享有道德法律上之幸福。"第二年，由于妻子亡故，几乎失去所有亲人、自比"厉鬼"的马一浮在哀痛之余，更萌生了"将渡太平洋而西"的念头。

这个时候，马一浮获得一个访问北美的机会。当时清政府驻美使馆有一个名为"留学生监督公署"的机构，这个机构需要聘请一位中文基础好而英文和拉丁文又娴熟的秘书，以作为清政府筹备万国博览会的工作人员。经过挑选，马一浮被选中了。1903 年 7 月，马一浮来到了机构所在地圣路易斯。到美后的第二日便是美国的独立纪念日，他见到举国都在燃烟花爆竹庆祝，一派喜庆气氛，于是"慨然念故国之悲境，感叹不能寐"。在美期间，他对清政府的统治彻底绝望，感受到丑陋的清政府在面临被瓜分的时候，仍然以"得西人之一顾一笑，且以为莫大之荣幸"，于是不顾同住室友的讪笑，毅然"截辫改服"。另一方面，他通过对美国社会的观察，了解到西方社会具有很多公共空间，中国社会则缺乏公德公心；西方社会接受自由教育，中国社会则长期接受奴性教育；西方社会接受美的教育，所以能够保全天赋的美性，中国社会则日日陷溺在恶的环境中，所以丧失天赋的美性，堕落在痛苦中并成为奴隶种性。凡此种种粗略的观察，都体现出马一浮当时面对国家危亡之境的深切焦虑，也体现出他试图以西方文明来改造与善化中国的人心与人性的意愿。

在游美期间，除了参加万国博览会的一些活动之外，马一浮还广泛购阅西方政治、哲学等各领域的著作。据统计，在美国时他购买和阅读的书就包括"政治与历史类""哲学、社会学类""文学与艺术类"三大门类超过一百种书。由此可知马一浮在游美期间所购阅的书相当庞杂，这体现出他对于西方思想学术（尤其是政治学、社会学和哲学）如饥似渴的求知欲。另外，从他的北美游学日记中可以看到，在学习上，他时而研究哲学，时而研究历史，时而研究文法，时而译书，心神焦灼，难以专注；在思想认识上，他对进化论、自由主义、实证主义、无政府主义、社会主义等等皆有涉猎。因此这时期马一浮的思想取向不太明晰，他尚处于思索与探求阶段。更重要的是，他此时尚未为他的人性问题寻找到某些确切的解决方式，也尚未找到切实的挽救国家危亡的方法。同时，由于他对这些著作多半采取自学、浏览的方法，缺乏专业性的严格训练，所以我们不能认为马一浮对西方思想学术有过相当系统和深入的研究和理解，他对西方思想的译介工作与贡献也远不能和严复等人相比。

不过，马一浮游学美国是在 1903 年到 1904 年之间，此时中国尚处于晚清政府统治时代。马一浮能够在这个时候全面接受西风美雨的沐浴熏陶，并以"愤青"的姿态批判传统中国的各种问题，这俨然成为后来"新文化运动"的"先声"。另外值得一提的是，马一浮购买了马克思《资本论》的德文本和英文本，后来回国时他将英文本送给了好友谢无量，德文本则赠给了上海的"国学扶轮社"。据研究，马一浮是最早将《资本论》带进中国的人。

返 归 传 统

由于在言行上并不符合清政府的要求，因此还没等到万国博览会开幕，马一浮便在 1904 年 4 月被政府解雇了。同年 5 月，马一浮启程回国，并途经日本。滞留日本期间，他自费求学，与同在日本的好友谢无量、马君武等人共同学习日文和德文，继续研究、译介西方的哲学和文艺著作，并且在思想和声势上支持推翻清政府的革命活动。回国后，他又立即卖掉家中的薄产，再次东渡日本求学。不过没在日本逗留多久，马一浮便于 1905 年回国，并与谢无量在镇江焦山海西庵、杭州西湖广化寺等地隐居读书、研讨学问，闲暇时则临摹刻在焦山上的陶弘景名帖《瘗鹤铭》。马、谢两人的这段"缮命岩谷，韬影丘园"的经历成为马一浮一生的美好回忆。

可以说，回国之后，马一浮在思想上又发生了悄然的转变。一方面他继续从事译介工作，他曾经不完整地翻译过《堂吉诃德》以及法国政论家路易斯·博洛尔的《政治罪恶论》等著作。但另一方面，他逐渐回归中国传统文化，大量阅读中国传统典籍，欲图"贯缀前典，整齐百家，搜访文物，思弘道艺"。而到了1908年之后，马一浮在文字上便越来越少提及西方的艺文、哲学。这说明国学渐渐成为马一浮学术主导，并预示着他正式回归中国传统学术之路。这期间马一浮的主要学术工作，是在杭州广化寺广泛阅读文澜阁四库全书。他夙兴夜寐，刻苦坚卓，做了大量的文史学、方志学等方面的笔记，现在留存下来的尚有一百零二本，可见他当时读思之勤。除广阅四库全书外，马一浮还定下了一些学术规划。在学术史上，他立志梳理秦汉以降的儒学源流，以弥补黄宗羲、全祖望等人的阙失。在文学史上，他立志梳理上古以来的文学演变，以考察文学兴衰与治道升降的关系。同时，他还想撰写《西方艺文志》等书，以"辅吾儒宗"。这些学术规划其实都异常庞大，需要花费大量时间精力，难以一时毕就，他自己也意识到"所业浩博，白首莫殚"。因此马一浮后来似乎对此有所放弃。另外，马一浮还做了许多具体性的诗文、戏曲的编纂和考证工作，如辑录《名媛文萃》《曲苑珠英》，撰写《重印严氏〈全上古三代秦汉三国六朝文〉序》以考证文章流别，考证钟继先《录鬼簿》和汤显祖《紫箫记》，精读杜诗并撰写《杜诗瘕》等等。这些工作对于古典文学、元明戏曲的研究有一定的帮助，但由于马一浮并没有在这个基础上系统深入地研究下去，因此这些研究成绩并不成气候，难以在文史学界取得重要地位。不过需注意的是，无论是广研四库全书，还是考证诗文戏曲流别，都是属于考据训诂、文献目录方面的工作，因此可以说在 1906 年之后，马一浮实则重新回到他所谓二十岁之前所治的文史考据之学上去了。

值得注意的是，马一浮在这期间虽然返归传统，但是在政治立场上他一直坚持推翻清政府的革命派立场。他虽然埋首黄卷青灯之下，但却十分关注时局的变化。他在 1906 年撰写《岁暮书怀在广化寺》一诗，有句谓"江城鼓咽寒潮动，佛阁灯青夜雨哀"，可以想见他当时心情的纠结和矛盾。而革命党人的流血牺牲则更让他心绪难平，他只能以诗歌寄托他的愤懑与哀思。例如秋瑾就义，马一浮便于同年毅然写下《悲秋四十韵》《鉴湖女侠行》《秋瑾墓下作》等诗，并感叹道："慨盈国皆丈夫而执婢妾之行，若瑾抗志虏廷，誓灭国贼，杀其身不悔，此其风节岂脆士所及乎！"又如在 1912

年，马一浮还代岳父汤寿潜撰写《烈士徐君墓表》以纪念五年前就义的徐锡麟，文中极力表彰徐氏"以布衣穷巷之士"而"犯险难、蹈白刃不顾，必死以求自达，而非有利天下之心"的革命精神。可以说，马一浮是在黄卷青灯下，默默地支持着推翻清政府的革命事业。

我们应该如何评价马一浮从"专治西学"到"返归传统"这段思想经历？首先，这与马一浮毕生的思想取向有关，他是带着"人性"问题而向西方思想求取解决之道的。然而从马一浮这期间的学思经历来看，西学似乎未能指引他走向人性、人生的真正安顿落脚处，并以此挽救国家民族的危亡。不仅如此，充满张力和冲突的西方思想反而容易增添迷惑与混乱。为了摆脱这种迷惑与混乱，他想暂时栖身于传统的文史、文献、考据之学中。同时，他应该是在这个过程中逐渐认识到仅仅依靠西方科技、哲学、思想是难以完全让中国的社会和人性得到根本的改进与善化的，因为历数千年之久的中国社会有着自身的演进轨迹，同时也与中国传统文化息息相关。因此如果只是想一味引进西学，而不潜心研究，认真严谨地正视中国自身的学术传统，想让中国社会得到重生，使人生得到善化，是不可能的。更何况当时所引进的多只是西学的皮毛与糟粕，用这些来改造中国，并肆意破坏中国的传统和风俗，这不但是愚昧之举，而且是致乱之途，会将中国带入更深重的混乱，所以他给舅父写信道："时人盛慕欧制，曾不得其为治之迹，惊走相诧，徒以其器耳。上所以为政，下所以为教，谓能一变至道，甥不敢知也。"

其实，马一浮这种由倾心西学、批判传统到返归传统、批判西化的转变，在近现代中国具有典型性。民国时期著名学者钱基博在其《现代中国文学史》一书中，逐一梳理章太炎、康有为、梁启超、严复、王国维、章士钊等近代名流学者的思想演变的轨迹，并指出他们当中大部分人，在其晚年对自己早年倾慕西化的倾向和行为都有所悔悟甚至痛骨彻心，所谓"举一世之人，徒见诸公者文采昭映，倾动当时；而不知柴棘满胸，中有难言之隐，扪心不得，抱憾何穷"。过度、不恰当、非理性地倾慕西化和批判传统，必定会片面地割裂传统与现代，隔断东方与西方，从而无法让自身文化在一种对比的张力中得到连续性的善化与改进。马一浮的思想转变，虽然在近代学术思想史上并不起眼，但它正与上述诸学者的思想经历遥相映照。不过，马一浮在其早年就已经从片面西化的思想中转变过来，正如滕复先生所指出的，他"成为本世纪初中国涌现的众多的向西方求索真理的青年学人中的早早回归传统的一位"。因此，他后来有充裕的时间可以再深入推进一层，再努力向上一转，而直达学问之大原、义理之大本，此则似是章太炎、严复等所不能及者。

第 2 章

究心佛道　因禅顿悟

究 心 佛 道

马一浮将毕生精力放在思考人性问题上。那么，他从倾慕西学转过身来，返归文史考据之学，是否就意味着他就完全解决了人性的问题？事实上，马一浮逐渐认识到，光靠文史训诂考据之学是不够的，相比之下，更重要的是心性义理之学。只有直接进入心性义理之学的殿堂中去，才能找到解决人性问题的关键。而马一浮对于心性义理之学的接触，首先是从研习佛道之学（尤其是佛学）开始的。

其实，马一浮很早就接触佛道典籍。这一方面是由于马一浮的佛道资质较高，另一方面则是他早年经历过家庭变故所带来的愁惨与不幸，令他对人生的痛苦特别敏感并体验深刻，而佛教的思想正是为了回应这种苦业意识而建立起来的。早在游学北美期间，马一浮为了寻找人生的安顿和解脱，曾浏览过《楞严经》和《佛教原理论》等书，并在其诗词中间用佛语。不过这时候佛学只是马一浮思想的一个点缀和装饰，他并没有真正理解佛学的含义。他在二十余岁时题写自己的相片，说自己是"烦恼相，怨贼身""佛者心，狂者状"。这个时候他其实只是一位"狂者""愤青"，而非"佛者""道者"。马一浮真正立志系统研习佛学，应是在1908 年前后。他在 1908 年写信给谢无量，发愿"将永断湍流，求闻一谛"。至于立志研习佛学的目的，则是要研究人性善恶问题，并希望从佛学中找到根本解答。因此从这个时候开始，马一浮逐渐从纵览百家、考证文史转到研习佛学上去了。

马一浮对佛学的研习是多方面、全面性的。大约自民国初年，他便结识了许多方外之友和在家居士，深受闻熏，其中不乏佛学大师如月霞、杨文会、谛闲等人。月霞是晚清中兴华严宗的大师，同时也是佛教教育家。他曾创办华严大学，培养大量佛教人才，推动近代佛教革新运动。马一浮在民国初年就与月霞相识，1917 年月霞圆寂，马曾去吊唁。马一浮一生都对华严宗保持着好感，这与月霞的启发不无关系。杨文会，字仁山，是晚清佛教界具有重要影响力的人物。他以居士的身份，大量刻印藏经，培养佛教人才，维持世道人心，对近代中国佛教界作出了富有成效的改革。同时，杨文会也有自己的佛学思想，他特别推崇《大乘起信论》一书。由于杨文会的提倡与推动，《起信论》受到了佛教界和学术界的广泛重视，并形成一个研习《起信论》的思潮。

早在清末，马一浮便与杨文会有音信相通，他在1908年致书谢无量，谓"前以杨居士在南都宣大乘法，招浮往参，悔沮此行，不接莲社诸贤之议"。同时，马一浮对杨文会教人学佛从《起信论》学起的做法深表认同，认同他指引学者"学佛先看《大乘起信论》"，只要"熟读《楞严》及《起信论》即足"，并指出"杨仁山即得力二书"。不仅如此，马一浮还身体力行，向学佛者广为宣讲《起信论》的义旨。弘一法师（即李叔同）在1918年曾向友人说道："马一浮大师于是间（指嘉兴）讲《起信论》，演音亦侍末席，暂不他适。"可见，马一浮深受杨文会佛学思想的影响，并自觉继承了杨氏推广《起信论》的方向。

除了亲近佛教界的名师尊宿外，马一浮还广泛结交对于佛学有兴趣的学者，他们之间或互赠佛典，或切磋讨论，这使得马一浮的佛学造诣精进，并令他成为杭州居士界的名流翘楚。他这一时期所交往的佛学学者有洪允祥、曹赤霞、彭俞、谢无量、谢希安、苏曼殊、李叔同等等。他与诸位友人在佛学上的讨论与互动使彼此都能获益。这里不得不提一件事，就是李叔同的出家因缘是与马一浮有关的。马一浮与李叔同早在1902年便已相识，后来马一浮出国游学，李叔同则游身于烟花与文艺之场。在1916年前后，同在杭州生活的马、李两人开始有密切的交往。在艺术上，马、李惺惺相惜，两人在弹琴、书法、篆刻上常常心有灵犀。在佛学上，马一浮经常赠送华严宗、净土宗、律宗的典籍给李叔同阅读，李叔同深受熏陶启发，他曾写信给弟子刘质平，谓"自去腊受马一浮大士之熏陶，渐有所悟。世味平淡，职务多荒"，由此可见李叔同对马一浮的尊敬佩慕之情。马、李的这段因缘最终促使李叔同皈依了佛门。出家后，弘一法师与马一浮保持着联系与互动。

在佛教实践上，弘一法师与丰子恺等人以歌曲、漫画的形式阐扬佛教护生的道理，马一浮欣然为弘一法师的歌曲集《清凉歌集》题字，并为其漫画集《护生画集》作序，提出了"护生"的旨趣在于"护心"的道理。在佛学思想上，弘一法师特别重视佛教戒律，他持律严苛，并以中兴律宗为己任。马一浮对此十分认同，并赞赏"此老为法忘身，真有古德风范，不愧为吾老友"。弘一法师于1942年圆寂。马一浮与谢无量等人都有诗纪念。马诗云：

> 春到花枝满，天中月相圆。
>
> 一灵原不异，千圣更何传。
>
> 室淡交如水，身空火是莲。
>
> 要知末后句，应悟未生前。

这首诗体现出马一浮与弘一法师在佛学思想与生平志业上的惺惺相惜之情。后来马一浮临终，留下诗句云："沤灭全归海，花开正满枝。"体现出人生意义得到复归与满全之后的圆融充盈之境。将两首诗相比较，何其相似乃耳！另外，除了李叔同外，著名的"情僧"苏曼殊也曾在1917年前后与马一浮交往，并对马十分崇敬，拜访数次。不过马一浮对苏曼殊颇不以为意，说他"佛学甚浅""能作诗、作小说耳"。

在究心佛学期间，马一浮还进行了一些佛教实践。他于1914年在杭州倡议成立名为"般若会"的佛学研究组织，并且亲撰《般若会约》，指出"本会会众以入佛知见、圆悟自心为宗，转化含识、同证法果为趣""会众暂以中华民国在家居士发心趣向大乘者为限"，会约中有"本会会友不为名闻利养"等章程与规定。般若会是否运作过，它有哪些佛教活动，尚有待考证。但般若会缺乏有效的组织操作性和社会影响力，因此远不能与当时杨文会、欧阳竟无在南京创办的支那内学院相比。

总的说来，从 1908 年前后到 1917 年之间，马一浮从传统的文史考据之学逐渐转移到对中国佛学的系统研究。这期间，马一浮在学风上从博览泛观的阅读方式，转变为专精深入的学术研究，因此他曾对词学家夏承焘说自己是"廿七岁（即 1910 年）以前务博览，后乃求专"。他在中国佛学诸宗派中，精心研究《大乘起信论》、般若空宗、华严宗、天台宗等以名相辨析、疏解义理为主的佛学思想。马一浮后来将这些佛教思想统称为"义学"，而与中国佛教中的"禅宗"区别开来。同时，在著述上，马一浮除留下解释佛教基本义理的《法数勾玄》（共 5 卷）以及一些讨论佛法的文字外，并没有贡献出系统深入的学术著作。他认为，前人的佛学典籍已经完备无遗地讲明义理，而后世学人首先应该体会古人之说，而不应该汲汲于文字著述。在当今社会，马一浮这种暗然自修、不求表现的学风仍然值得我们学习。

楚 泉 点 化

从 1908 年前后到 1917 年之间，马一浮精研佛典、究心义学，逐渐取得了成效，其中最大的成效是他得以初步明确安身立命之地，他在人性上的困惑也渐渐消除。马一浮这个时期的文字，在文风上臻于平和、安雅，而无早年的偏激躁动之气。实际上，文字风格的安平敦厚与否，可以体现出作者修养的深浅，也可以体认出作者的身心是否得到真正的、充实的安顿，这就是先秦孟子所说的"知言"。马一浮在这段时期可以说是得到了身心性命上的安顿了。

不过应该指出，在这个时期，马一浮虽然在学问上达至深醇之境，但因为他专精于义学，所以常常将心思放在辨析名相、讲论称说上面。而义学的这种取向，往往被禅宗讥讽。禅宗认为这种方式使得学者不能从自己的身心上用工夫，而只是向外在的名相上寻求知解。人们对名相有所执着，就容易忘记心性之本，从而执着外在的名相为心性实理。用马一浮后来的话说，就是"义学分析入微，极有条理""然只是分析精密，又落名言，故禅宗出而扫荡一切，举而空之"。马一浮这个时候应该也略有这种执着名言名相的倾向，因此虽然他在学问上已达深醇之地、成熟之境，但他似乎还差了最后的一步，因此仍需点石成金的一笔、一点、一提，最终一超直入、群疑顿丧、大彻大悟，从辨别名相、分析名言的路上转过身来，彻底明白佛法不离自己身心，佛法是从自己身心上流淌出来的。幸运的是，马一浮这时候遇到了楚泉禅师，楚泉成就了这个机缘。多年以后，马一浮将这一悟缘和盘托出。他说道：

民初识月霞法师。月霞初受哈同供养，办华严大学于哈同花园，僧徒从之者百数十人。既而逻迦陵生日，欲使僧众拜寿。月霞以沙门不礼王者，拂袖而去，之杭州，生徒悉从焉。因假海潮寺为校址，聘教授，程演生、陈樱宁皆与焉。其后应袁氏召，入都弘法，不果而还，养疴于清涟寺，未几圆寂。封龛时，吾往吊，因识楚泉法师，听其说法脱口而出，自饶理致。诵偈有云："水流常在海，月落不离天。"自后颇与往还，时相谈论。是时吾看教而疑禅，尚未知棒喝下事。一日，楚泉为吾言：居士所言无不是者，但说天台教是智者的，说华严教是贤首、清凉的，说慈恩教是玄奘、窥基的，说孔孟是孔孟的，说程、朱、陆、王（指儒学大师程颐、程颢、朱熹、陆九渊、王阳明）是程、朱、陆、王的，都不是居士自己的。其言切中余当时病痛，闻而爽然，至今未尝忘之。因取《五灯会元》重看，始渐留意宗门。楚泉为吾言：居士看他书尽多，不妨权且搁置，姑看此书，须是向上一着转过身来，大事便了。又云：棒喝乃是无量慈悲。当时看《五灯会元》有不解处，问之不答。更问，则曰：此须自悟，方为亲切。他人口中讨来，终是见闻边事耳。吾尝致彼小简，略云：昨闻说法，第一义天萨般若海一时显现。楚泉答云：心生法生，心灭法灭。心既不起，何法可宣？既无言宣，耳从何闻？义天若海，何从显现？居士自答。其引而不发每如此。楚泉而后，又有肇庵，见地端的。吾常觉儒门寥落，不及佛氏有人。以前所见，求如此二人者，殊不可得。太炎无论矣，灵峰辟陆、王，然当时并无陆、王，近于无的放矢，门户之见犹存。熊先生确有悟处，然其得力乃亦自佛学中来。自余虽不乏勤学稽古之士，大抵滞言语、泥文字，口耳之学，终不亲切。吾今日所为讲论（指《泰和宜山会语》），虽不敢自必毫无渗漏，然朴实说去，更无文字习气，言之不苟，庶几胸襟流出，语语亲切。如是方可读书，方可立说。昔人所谓"六经皆我注脚"，亦此意也。

其实，马一浮很早就与江浙一带临济宗、曹洞宗的禅师接触了。他曾经认识被称为"民国以来第一高人"的圆照（字慧明）禅师。1906 年，他还结识了圆照禅师的法嗣肇安禅师，后来两人经常以诗论道并莫逆终生。不过，对马一浮思想具有关键性影响的还是楚泉禅师。楚泉是天台宗大师谛闲的大弟子，同时兼习禅宗，马一浮曾赞扬他"深于天台教义，绰有玄风，不易得也"。马与楚泉在1917年相识，不久他便受到了楚泉的"钳锤棒喝"。楚泉对马一浮有所了解后向马指出，马以义学讲说的方式去讲天台、华严、唯识、孔孟、程朱陆王等各种思想，在内容上并没有讲错，但却缺少反归自己、反身而求的领会工夫，而只求解说名相，因此即便说得分毫不差，也都是别人的而不是自己的。因此，楚泉推荐马一浮参究禅宗经典《五灯会元》，其用意是让马一浮从义学式的、讲说式的外在倾向中反摄回来，从自己身上去活泼勘验。后来马一浮老老实实按照这个办法读《五灯会元》，但他仍然脱离不了义学解说的方式，所以读到不理解的地方就向楚泉寻讨解说，楚泉开始不答，再问则给他一句针砭之语，认为讲说无益，只有自悟才是真切法门。可见，这时候的马一浮虽然学问纯熟，但似乎仍差"自悟"一步，所以楚泉明确指出马氏这时候的任务是要"向上一着转过身来，大事便了"。

对于楚泉的针砭钳锤，马一浮是受教的，因此他"闻而爽然，至今未尝忘之"。可以说，1917、1918年前后楚泉的点化对于马一浮的学思历程来说，是一个关键与转折。我们不知道马一浮确切地在什么时候获得自悟，但他不久后确实自悟了，也即体认到人生性命的大本大源处，并获得自如充盈的生活大用。而马一浮的自悟显然是得益自楚泉。后来马一浮的整体学术主张，便是建立在这个"自悟"的基础上的，没有自悟，没有真切体认到心性、性命的活泼本源，他是不会建立起后来的"儒佛论""六艺论"的。所谓"自悟"，也称作"见性"，就是人们明白到言语、名相对于心性本源具有局限性，因而不会被言语、名相所局限，并根据自己的身心体验，确认心性本源是人人性分中所本来具备的道理。确认这个道理的人，会不断地反求诸己、反归自己，使得心性本源从自己性分中流淌出来，从而流出本真意义，成就充实人生，化成天地万物。

马一浮后来指出，"自悟"或"见性"是儒家的真血脉，也是佛家的真血脉，同时也是六艺论的真血脉。他认为"从上圣贤，唯有指归自己一路是真血脉""学者须知六艺本是吾人性分内所具有的事，不是圣人旋安排出来"。因此，在上述引文中马一浮忆述这段悟缘后，就指出他所撰写的发明六艺大义的《泰和宜山会语》一书是自"胸襟流出，语语亲切"，这也点明了楚泉所开示出来的反归自己的自悟见性工夫对后来马一浮六艺论的建立具有关键性的意义。当代学界研究马一浮思想，对于这个"楚泉点化"公案有所注意，但却没有充分理解到它在马氏思想经历中的关键性意义。事实上，大凡对于心性本体有真切领悟的人，都会经历这种思想上的震动。释迦夜睹明星悟道是如此，惠能听《金刚经》悟道是如此，王阳明龙场悟道也是如此，而马一浮经过楚泉的点化，自然与古代悟道者一样，对天地人生的本源有了一个全新、深刻、活泼的体认。可以说，楚泉禅师是马一浮思想上的恩师，马一浮曾写《赠楚泉禅师》一诗说：

> 面壁亲承教外传，离言有说在忘筌。
>
> 草庵久契无生谛，内院初明不共禅。
>
> 入海算沙因智碍，分河饮水只情偏。
>
> 一从杜口毗耶后，五味俱同昨梦蠋。

诗中字里行间透露出马一浮对楚泉的感谢、感恩之情，并体现出他从"入海算沙"转向"杜口忘筌"、从辨析名相走向自悟见性所带来的畅快自在之感。

指 归 自 己

自从得到了楚泉的点化，马一浮对于人生、学问似乎都有了一个全新、本源的理解。他大量体会禅宗的公案与语录，并享受到不再执着名言名相，直接游心于心性境域的自由、自如与自在。这种境界在他的诗词中可见一斑。在1919、1920 年前后，马一浮开始大量地在诗歌中透露出他因为"自悟""见性"而达致的自由境界。如"破颜独领拈花旨，到口方知食荔甘""明头不合暗头合，问者非亲见者亲。此语当风还扬却，尘尘才悟本来人""门前波浪因风起，见后桃花瞥地参""箭锋相拄机能赴，光境俱亡道始亲""开口道不得，当胸踏便休""从来返一根，何事矜三德""任运得风流，藏身没踪迹""只应同道知，那许凡情测""唯识复唯心，眼声兼耳色。忽然冰雪解，不到炉炭热"等等，不胜枚举。他留下大量这些带有"机锋""机用"的诗句，其用意则在于"以诗说法"，也就是以诗句道出自悟之境，同时通过这种道出而令读诗者也得到自悟。他在与友人的诗词酬唱中，也往往在诗词的序言、自注、识语中点出他作诗的机用，也劝请诗友与读者不要执着名言，而指归自己、见性自悟。例如他寄给好友曹赤霞（子起）两首七律，其序言说："子起诗来，多所议论，黏妄立知，不离偏执，欲令回机就己，故寄是言，以释其蔽。"另外，他对自己的几篇诗作附上识语说："右诸篇虽是一时应机酬答之语，颇寓向上拈提，狼藉不少，欲诱吾友同游此路，故不惜与之别峰相见，早是不着便也。"

见性自悟后的马一浮可谓左右逢源，除了以诗说法外，他对于任何学术都能够说出一个本源通透的道理来，而不再执着在言语文字的辨析上。他与诸学友往来辩难，其旨趣都是要令参学人"回机就己""以释其蔽"。例如他的好友洪允祥（巢林）纠结在佛道的异同上，马一浮则直接向他指出

"释迦、老子、文殊、普贤、观音、弥勒只是一群闲汉"，"今语公只须识得自己，更不用理会诸佛，此语决不相诳"。他同时还劝洪允祥不要执着于外在虚妄的"情识知见"，而应该先"向内体究"，亲自体认心性本源，一旦自悟见性后，就连"禅"也大可不必问个究竟，因为"禅是闲名，大可束阁；性是实德，必须亲证"。又如曹赤霞特别究心于东西文化之差别、儒佛两家之异同等问题，马一浮向他表明他应该首先指归自己、自悟见性，只有自己先见性，才能获得一个本源的视野，通过这个视野，才可以辨析各种差别而不被差别所滞碍，从而也就能够对各种学术有一个根本性的衡定，换言之，也即知道哪些学术思想能够见性，哪些不能够见性，哪些虽然能够见性但却见得不明朗。在这个基础上马一浮判别中西文化说："东土大哲之言，皆从性分流出。若欧洲哲学，不论古近，悉因习气安排，故无一字道著。"他判别老子与墨家的区别说："老氏见性，然只具一只眼。墨氏未见性在，故老墨不可同日而语。"他还进而指出人们如果不能指归自己、自悟见性，那么无论做什么事情，即使是要改造社会、救国救人，都只是"在虚妄里翻筋斗"，毫无实质性效果。

虽然马一浮此时特别强调禅宗所倡导的指归自己、自悟见性，但他并没有放弃对于佛家义学的研习。同时，在自悟见性的观照与融摄下，他对义学有了更深一层体会。他理解到真正的义学其实都是建立在指归自己、自悟见性的基础上的，只是学佛者往往执着在言语文字的辨析上，从而失去法眼与慧悟，领略不到义学的真谛。因此他写信给洪允祥说："来书多裁量他人之言，而少向内体究之意，此是功利之余习，亦非义学之家珍。"在整个20世纪20年代，马一浮还是大量地体究华严宗、般若宗、天台宗等义学经典的。

正因为得到楚泉点化，马一浮在学术思想上获得了一个真切的法门。在20世纪二三十年代，他大部分时间都是不求闻达，反归自己，暗然自修，笃实践行的。在马一浮看来，只有真参实悟、真正体会到心性义理的人，才有资格、有能力去振民育德，成就人才，引导社会。他谦虚地认为自己如果没有完全成熟地体究好心性义理，没有完养好自己的气质，就贸然投入社会实践，是对天下国家不负责任的事。这无疑体现出中国传统读书人的可贵可爱的精神。同时，马一浮还认为在他所处的时代、社会，人们都向外驰骛，陷溺在习气中而心安理得，更不知道有指归自己这件事，不明白有心性义理这种境界。同时，当时的教育制度和方式也只会加深求学者的习气，遮蔽自己的心性，这与传统的儒佛之学是背道而驰的。马一浮甚至直接认为"今学校正是习气窠窟"，所以如果在现代学校的体制内讲授自悟之道、心性之学，就必然是对牛弹琴，毫无效果。现代大学则更是如此。他认为，现代大学讲求分科分工，导致专业分工过细，局而不能通，固而不能活，因此在大学里教授通而不局、活而不固的心性之学，必定是不可能实现的事。他感叹道："方今学子务求多闻，则义理非所尚。急于世用，则心性非所先。"

早在民国初年，南京临时政府推举蔡元培任教育总长，蔡元培则邀请他的同乡马一浮担任秘书长。在此期间，蔡元培推动教育改革，明令废止小学读经，废除经学科和通儒院，引入西方教育，实行男女同校。马一浮就任后，劝请蔡元培收回命令，并要求设立通儒院（相当于现在高端的大学研究院，但通儒院培养的是儒学与国学通才），以培养国本。蔡元培对马一浮的建议不以为然，并以时间尚早敷衍他。马一浮对于这种"典教育者方议绌儒术，废六艺"的做法深不以为然，最终拂袖而去。由于现代大学注重客观性的学术与科学研究，忽视心性修养和通人教育，与马一浮的教育理念距离甚大，所以凡有大学聘请马一浮任教，他都一概拒绝了事。例如在1917年，蔡元培再次邀请毫无文凭、毫无学历的马一浮到北京大学任教，他以八个字的电报回复："古闻来学，未闻往教。"意思是说我只听说过自古以来，学生是要到老师处学习的，而不是老师跑到学生那儿去教书。后来他还至少三次婉拒北大的邀请。第一次是1929年婉拒马叙伦等邀请他北上，第二次是 1930 年婉拒北大校长陈大齐的邀请，同年年底陈再促请马一浮任北大研究院导师，他回应说如果时间许可，他可以像孟子和荀子游历稷下学宫一样到北大游历一下，至于接受大学编制，这对于他来说是万不可能的。他还推荐现代大儒熊十力代替他去，不过熊十力也没有去。另外，1930 年浙江大学也想请马一浮任导师，但马提出浙大要允许他在大学科目之外，设立一个"国学讲习会"，并允许主讲自由讲论，启示学生注重心性修养。可是后来出于种种原因，这件事也没有办成。直到 1937 年，马一浮才接受浙大的邀请出山讲学，不过这已经是后话了。对于马一浮这种"清高狷介"之举，熊十力倒是理解的。他说："章太炎先生平生不肯任大学教席，马一浮氏亦然。虽或失之隘，要未可厚非。今之大学教育茫无宗旨，政府奴畜师儒，而教授流品亦极猥杂，不学无行，滥竽者众。"不过，熊十力并不完全同意这种方式，他自信凭着他个人的超拔精神，在这种污浊的环境中也能够转物而不为物所转，并可以成就一二真正的学子。

因此，虽然马一浮在 20 世纪二三十年代无时不关切中国的社会政治等问题，但由于当时的教育取向与他注重心性修养、指归自己、自悟见性的思想理念背道而驰，他一直在杭州"隐居以求志"，成为江浙一带有名的"高人""隐士"。

他与僧人、居士为伍，甘于贫素，潜心修养，就连与他不属一个思想流派的章太炎先生也甚推崇他。章太炎赞扬马一浮"清修笃学，屏绝人事，宜加尊礼，以树风声"。同时，自从他的亲人在早年相继离去后，马一浮便与他的大姊一家相依相靠，他们一直住在杭州的延定巷与孩儿巷，过着清苦但安乐的生活。到了1934年，他的大姊也离他而去，马一浮悲痛欲绝，难以自抑。他为大姊撰写挽联，其跋语说："乃今而后，予天属之亲顿尽，其于斯世，真为畸零之人矣。"大姊的离去，更使马一浮长期与孤寂为伍。另外，马一浮早年丧妻，后来岳父汤寿潜想将他的三女儿、才貌双全的汤琳芝许配给他，可惜正在这个时候，汤琳芝病逝，马一浮在慨叹"命也夫何言""唔息将谁道"之余，决然终身不娶。许多人都劝他续弦，他都一笑了之。20世纪30年代时，马一浮的岳母还感念他孤子无伴，赐给他一位姓徐的婢女，让他纳之为妾，但他始终无意此事，并以孙女辈对待她，教她知书识礼，并在第二年送归她的父母，自己继续过着独身的生活。

上述悲惨的家庭遭遇、孤寂的个人生活，让马一浮备感人生的无常，但所幸者，他因为自悟见性，悟得天地人生的本源，所以并没有被无常的经历所左右，也没有陷入怨天尤人的沮丧，反而能够身处无常而安之若命。很多人被他这种人生态度所感染、感动。例如弘一法师的大弟子、漫画家丰子恺曾经多次拜访过马一浮，与马一浮建立了深厚的友谊，其中有三次拜访令他印象相当深刻，促使他写下了一篇名为《陋巷》的散文。在文中，丰子恺回忆他第二次和第三次拜访马一浮的感受。在那段时间里，丰子恺失去了含辛茹苦抚育他长大的母亲，同时也备感人生充满着无常。带着这种被无常所笼罩与缠绕但又想摆脱无常的飘忽不定的心绪，丰子恺走进了陋巷，走进了马先生的"照旧古色苍然"的老屋。他见到了马先生，与以往所见一样，马先生风神不改，依旧是"坚致有力的眼帘，炯炯发光的黑瞳和响亮而愉快的谈笑声"，同时马先生向丰子恺说："无常就是常。无常容易画，常不容易画。"当时丰子恺被这句话打动，恻然有所感，他写道："我好久没有听见这样的话了，怪不得生活异常苦闷。他这话把我从无常的火宅中救出，使我感到无限的清凉。"一个人如果能够通过三言两语，便让人从苦闷与无常中超脱出来，让他顿感清凉，那么这个人必然对天地人生有着透辟的见解，对心性义理有着深刻的体会。换言之，只有自悟见性者才能在人生的无常中了悟到心性之常，从而安常处顺，随遇而安，而不为无常所左右。抗战时期，马氏好友曹赤霞去世，马一浮闻讯哀痛之余，亦在悼念诗的最后写道："月移云驶江流转，顿了无常即是常。"马一浮体道之深、了悟之彻由此可见一斑。

马一浮长期隐居求志，指归自己，不求名达。但即使是不食人间烟火的高人逸士，也需要为生之资。那么他是靠什么为生的呢？实际上，马一浮早年游学美日，靠的多是他父亲所留下的田产等作为经济支持，但家中这些遗产应该不能支持他很长时间，所以他在五十岁之后，便以卖字（马一浮自己称为"鬻书"）为生。马一浮的书法出入魏晋，高古圆融，诸体俱擅，加之他学问深醇，人品高洁，所以"求书者踵至"。但是即使是"鬻书"，马一浮也从不随意苟简。对于哪些人可以得到他的书法作品，他可以写哪些内容，绝不能写哪些内容，他都有严格的规定。他就曾经规定求书者必须是通过熟人介绍而来的，才答应给其书写，又规定祠墓碑志、寿序、寿联、招牌等一概不写，又规定不会题写时贤作品和书写时贤文字等等。他想通过这些规定，让人们知道"书法之于人，但供鉴赏，似无益也"，同时也让人们理解到他自己并非一个卖字书匠，而是有所去取、有所不为的儒者，就如他自己所说，"在仆庶不为苟取，而非以是为市"。另外，据学者研究，除鬻书之外，马一浮在经济上还得到了汤寿潜一家的接济。汤寿潜的长子汤孝佶是杭州光华火柴厂的经理和股东，并在上海从事买卖股票等商业活动，又办过建筑公司。汤孝佶与马一浮关系良好，他们相知相契，视若兄弟，汤感念到马一浮一介寒素，生活清贫，所以在经济上长期接济马一浮。即使是在抗战时期马一浮辗转流离的时候，身处杭州、上海等地的汤孝佶仍然汇款接济他。马一浮对汤氏的深厚友情常存感激。后来汤孝佶去世后，汤家还在1948年动用自己建筑公司的建材为马一浮在杭州西湖边建造一间西式别墅，供他居住，马一浮将这间房子取名为"玄亭"。根据一个很有趣但未被广泛确认的说法，汤孝佶与马一浮从来不谈钱，但是他知道马一浮没有钱了，便将钱放在抽屉里面，马一浮也不说就拿出来用。

另外，虽然马一浮甘于素淡、暗然自修，但是他对人情世事则颇有圆融的识见和练达的判断。他认为，一个人如果能够洞达心性之源、义理之本，那么就自然能够对世事处理得当，因为心性义理是世间万事的根本和源泉。因此马一浮虽然潜心学术、不求名利，但他对世事并不"迂阔"。例如早在20世纪初，当时主持浙江铁路建造事宜的汤寿潜筹集资金，建造了一条"江墅铁路"，为今后建造更长的铁路积累经验。这条铁路通车后，杭州城里的人要跑到城外的清泰门站才能上下车，而且早、晚常受到城门关闭的影响，有诸多不便。在这个情况下，作为女婿的马一浮便建议将火车站移至城内。这个建议最终被清政府所批准。1910年，火车站从清泰门站移至城内，成为现在杭州城站的前身。杭州城站现在仍然发挥着便民利民的巨大作用。另外还有一件事可体现出马一浮圆融练达的处世能力。袁世凯称帝，为了收买人心，决定让当时的中国银行拿出二十万元送给汤寿潜家，汤氏长子汤孝佶脾气倔强，坚决不收。第二次，袁世凯又派一个高级干部将钱拿来，汤孝佶又与他发生争执。正在这时候，马一浮对汤孝佶说这个钱应该收下，原因是袁世凯要称帝，如不收下的话就表示反对他，这样会带来杀身之祸，因此倒不如大方收下。他还说收下的钱可以用之于民，建议可以用来建设一个浙江图书馆，提高民众的文化水平。后来汤家采纳了马一浮的建议。因此浙江图书馆的建立，不能不说有马一浮的功德在焉。上述两个事例，马一浮虽然在其生前并没有过多提及，但足以体现出他绝不是迂阔的读书人。

第 3 章

返回六经　弘阐六艺

志 于 六 经

在清末民初到 1918 年前后一段时期，马一浮集中研治佛典、究心佛学，并从义学走向禅宗，从讲论称说、辨析名相走向指归自己、自悟见性。

不过在这个阶段，马一浮并不仅仅研读佛老之学，而且也用了大量工夫研读儒家经籍。原因是马一浮虽然以究心佛老为主，但他一直是以儒者自居的。1910 年他写信给南社社员、著名作家王钟麒（号无生），就说过"学道不师程、朱，是谓出不由户"。在信中他也说自己"年来读朱子书"，可见他对程朱理学是一直有所体究的。马一浮在 1912 年还跟随汤寿潜到新加坡考察并撰写了《新嘉坡道南学堂记》，在文中他援引程朱理学的说法，提出治国安民必须重视儒家礼教的观点。1913年，他还应汤寿潜之命编成明清之际的大儒朱舜水的文集《舜水遗书》。可见，马一浮在1910年代上半期可谓儒佛兼治，只不过这时他用在佛学上的精力多一点而已。值得注意的是，马一浮在这个时候尚未"向上一着转过身来"，因此他对儒家义理的理解，与他在1918年以后的理解略有差距。换言之，他仍然是以义学的方法将儒家义理视作一种"知解"，而不从"指归自己""自悟见性"的方法来求得真实受用。

但是，随着马一浮研究佛家义学的功力日益深厚，他对于义理的体会也勇猛精进。同时，对于佛法的契会，也逐渐让他对儒学有了深入的理解。这具体表现在他以"六艺"（即诗、书、礼、乐、易、春秋六经）的角度来看待儒学，认为儒学在整体上就是六艺之学。早在1907年，他就在写给舅父何稚逸的信中指出："夫仲尼周流，晚综六艺；伯阳（即老子）将隐，遂草五千。"1912年他在《新嘉坡道南学堂记》中则说道："予惟今国家初改政，典教育者方议绌儒术，废六艺，而兹堂之称，乃有取于洛学之传。所谓礼失而求诸野者非欤。"马一浮之所以会用"六艺"来检视儒学，一方面来源于他治考据之学时注重辨章学术源流的取向，比如《庄子·天下篇》就以六艺概括先秦学术，又如班固撰写的《汉书·艺文志》中就有"六艺略"。它们都指出六艺是学术源头。而另一方面，则是由于马一浮在这几年中，不断研习佛家义学特别是天台、华严两个宗派的判教说（**所谓"判教"，是指一些佛教宗派往往以自己宗派的思想为标准，划分出佛教各宗派在思想义理上的深浅、偏正之别，作出分析评价**），这无疑启发了他用判教的角度来分析儒学思想，探明儒学脉络。在这过程中，马一浮逐渐形成了儒家也有判教、儒家判教在于六艺的观点。他在1914年前后撰写了《因社印书议》一文，文中说："六经皆称性之谈，理绝偏小。若比释教，唯是圆宗，不杂权乘。学者须知，此之所判，与天台异义也。"这段话的意思是说，马一浮在究心天台宗判教观的同时，理解到儒家六艺之教与天台宗的判教规模相接近，但儒家六艺判教简易圆融，并没有如天台宗一样有顿、渐、秘密、不定等"化仪四教"以及藏、通、别、圆等"化法四教"等烦琐复杂的判教脉络。经过马一浮的真切体证，六艺唯是顿教，而无渐、秘密、不定等教；同时六艺唯是圆教，而无藏、通、别等渐教。因此马氏指出儒家六艺"唯是圆宗，不杂权乘"。马一浮这种六艺判教观，成为后来其六艺论的学理基础之一。可见，马一浮在这时候已经酝酿出六艺论的雏形了。另外，他受到天台宗"化法四教"等判教观的影响，在《印书议》中将中土学术列作"四门"：（一）通门。群经传注关于微言大义者。（二）本门。先儒之书发挥性德义理者。（三）别门。道墨名法得六艺之一端者。（四）枝门。中书西译以及西书中译者。

这里的"通""别"等门的说法明显是来自天台判教观。后来马一浮在1930年代提出了他更为成熟的六艺判教观，却并未以此四门作为判摄标准。不过，在这个时期他想通过佛家判教观来探明儒家判教的意向则是相当明显的。另外，在这篇文章中马一浮还提出了"群籍皆统于六艺"、"六经皆称性之谈"、六艺统摄诸子、六艺统摄四部等判教观点，成为他后来的六艺判教说的重要组成部分。

另据笔者考证，浙江省在1915年成立了通志局，想重新修纂《浙江通志》，并任命沈曾植为总纂，马一浮、金蓉镜等人为分纂。沈曾植，晚号寐叟，是晚清遗民、国学大师、佛学大师、学界领袖、书法大家、诗坛魁杰。金蓉镜，字香岩，号甸丞，是沈曾植的嫡传弟子，为人忠厚，其诗与沈氏之诗并称，不过佛学造诣则及不上沈曾植。马一浮与金蓉镜素为相知，两人经常往来讨论佛学、禅宗和儒家六艺等问题。马一浮对金蓉镜的学术思想颇有揶揄规正，不过对于沈曾植则十分崇敬。在诗学上马一浮推崇沈氏学诗需要经过"三元"（元祐、元和、元嘉）之说，他还在这个基础上增加"开元"一元，修整成"四元"的诗学观点。在书法上马一浮推崇沈曾植，指出"寐叟早年书学山谷，晚乃出入六朝，笔势雄骏""近人惟沈寐叟晚年书以章草阁帖参之北碑，融为一家，自具面目"，而马氏自己的章草字体亦多受沈氏书风的影响。马一浮如此崇敬沈曾植，但两人并无深交，不过金蓉镜常在沈曾植面前提到马一浮及其诗作，因此沈曾植曾说"马君诗虽未见，想有简雅风致"，后来沈氏读到了马一浮《赠郭起庭》一诗，相当佩服，认为自己与金蓉镜的同名诗"均可废"。在1915年8月前后，也即浙江通志局初开之时，金蓉镜还曾致函沈曾植，更向沈氏提及马一浮关于六艺的观点。金氏说道："今日辑嘉禾《高逸传》，约及百人，为高士祠（民国四年，金蓉镜在嘉兴倡议并建立了纪念历代高士逸民的高士祠）享祀资料。窃意高士无位似《乐》，逸民遁世似《礼》，归之大原，所谓一阴一阳之道。盖高士如巢、许，虽逢尧、舜，亦不乐仕，未见道之可畸；逸民如夷、齐，笃志守死，必革代始见，有确然之介。昨与马一浮论此义，甚创而实精。以六艺裁量人物，有此两途云。政事在《书》教，文学在《诗》教，《易》综其全，《春秋》《孝经》又孔氏之发挥。《孝》居其先，《春秋》贯《诗》《书》之毂，《论语》居其末。遍说：六经又诸经之钤辖（"钤辖"是节制管辖的意思），班固甄明九家，序其得失。今之所论，返之六经而世事乃了然可解，亦儒术之标炬也。师以为当否？"

金蓉镜辑录《高逸传》，马一浮以六艺中的礼乐二教对其作出说明，发挥其旨趣。同时，马一浮还提出六艺统摄经部（"六经又诸经之钤辖"）、六艺统摄现代学术（"政事在《书》教，文学在《诗》教"）、六艺之间相融相摄（"《易》综其全""《春秋》贯《诗》《书》之彀"）等见解，这些见解虽然似乎尚未系统化、明晰化，但是它们多与后来马一浮的六艺判教论相通。可见，在1914、1915年前后，马一浮在佛家判教观的启发下，致力于从整体上考察儒家六艺的思想结构以及六艺之间的关系。还值得注意的是，金蓉镜最后说"返之六经而世事乃了然可解"，这说明马一浮似乎与宋儒"出入佛老数十年"，最终"返求六经而后得之"的经历有相近之处。不过，他与宋儒在返求六经之后辟佛排佛的做法不同，他自己是双治儒佛，并以佛明儒，又以儒明佛。

到了1917年，马一浮致书好友谢无量，说自己有志儒家的六艺之学。他说道："辱问何所致力，实惭无以对。虽尝有志于六艺，而疏于讲习，不敢幸其所乍获，而忽其所未闻。方将深之以玩索，通之以博喻，恒苦心智薄劣。义理无穷，俟之耆艾或能略得其统类，故当就问君子，以释所疑，今犹未敢言耳。"可见在专治佛典期间，马一浮也试图对儒家六艺深入研究，但是他认为自己对于六艺仍处于"玩索""博喻"的阶段，他希望到了五六十岁的耆艾之年，或者可以体验并获得六艺的条理统类。后来在 1938 年也即他 56 岁时，马一浮才在浙江大学师生前公开讲授他的六艺论。由此可见，他对自己的六艺论有着严谨的态度，并视之为一大因缘。

1918 年 3 月，马一浮与友人蒋再唐通过一封书信讨论儒佛义理，这封书信可以说是这个时期他双治儒佛的一个大总结，也是他在酝酿六艺论过程中的最新进展。在这封书信中，他主要将儒家六艺与佛家特别是华严宗的思想作深入的融会。这封书信的内容分为四个方面。一、论儒佛会通大旨。马一浮认为儒佛两家的思想应该以"本""迹"二门辨别同异。换言之，儒佛是"同本异迹"的关系，因此两家可以双立而并不相碍，所以他批评宋儒以"异端屏释"，佛家以"外道判儒"，都是"考之未尽密"的缘故，因为儒佛两家的前贤并未真切理解到在本源上儒佛思想是相通的。二、具体论述儒佛同本异迹的关系。马一浮认为在儒家六艺中，《诗》《书》《春秋》多表事，这与佛家华严宗判教中的"五教"（小、始、终、顿、圆）中的终教、顿教都可以归为"迹异门"；而六艺中的《礼》《乐》《易》则多显理，与五教中的圆教相当，因此可以归为"本同门"。三、就迹异门而言，儒家六艺中的《诗》《书》《春秋》虽然与佛家迹异，但因为它们迹中有本，因此可以统摄佛家的终、顿二教。四、就本同门而言，六艺中的《礼》《乐》统摄于《易》，这相当于佛家五教中的终、顿教统摄于圆教一样，因此易教与佛家的圆教相当。从上述内容来看，这封书信的特色在于以"本同迹异"作为判教的基础，以证马一浮"双立儒佛"的观点。《礼》《乐》《易》与圆教相当，是本同；《诗》《书》《春秋》与终、顿教相近，是迹异。这样一种儒佛会通观与儒佛判教观无疑是相当深入并富于启发性的。不过，随着马一浮"玩索"、体会的逐渐深入，他后来逐渐放弃了这种较为烦琐的双立儒佛、本同迹异的见解，并最终确立以儒家六艺统摄佛老的简易观点。

总而言之，从清末民初到1918年之前，马一浮主要究心佛家义学及其判教思想，因此对于义理名相的称说与会通相当娴熟；与此同时，他也不放弃对于儒家六艺的研习，并在佛家义学及其判教思想的观照下，逐渐发现儒家六艺同样具备佛家判教的规模，并由此形成六艺为圆教的见解，同时他也提出了一些具有判教性质的六艺论命题，这些命题大都被他后来成熟时期的六艺论所继承及发挥。还需要指出的是，马一浮此时对于六艺的见解主要集中在判教方面，其原因是他此时以研习义学为主。而在后来，马一浮则屡屡强调六艺之道是自心的全体大用，强调理解六艺需要指归自己的见性复性工夫，强调六艺是人人所本来具有的道理等说法，这些关键性的说法似乎并未出现在这个时期。笔者认为，直至楚泉点化使他得以自悟见性之后，马一浮不但在佛法上"向上一着转过身来"，而且实际上他是一上一切上、一转一切转，因此他在儒家六艺的理解和体认上也得到了相应的点拨与升华，由此深切体悟到会通儒佛名相的判教性展示，应该建立在指归自己、自悟见性的基础上才算是真实亲切的，否则这种诠释与判说多半只会停留在"知解"的层面，而与自性分内事毫无干涉，从而缺少一个大本源、大头脑。此后，马一浮如谈及治儒佛之学，往往指出无论儒佛，都以反归自己为真血脉。比如他在1921年致书曹赤霞说："若要理会，且须理会自己，莫要管他别人。"在1924年他致书金蓉镜说："窃以儒、佛、禅、教等是闲名，古圣为人，唯有指归自己一路是真血脉。虽其门庭施设，各应机宜，达者知归，元无多子。"儒佛之学都需要指归自己，当然包含了六艺之道也须指归自己这一观点。

正如前文所说，从经历楚泉点化到1920年代初前后，马一浮从致力义学转为体究禅宗，并由此自悟见性、无往不利。所以马一浮这个时期的诗文，以随意拈举禅门公案为特点，信手拈来，毫不费力。他讥笑"凡流造次逐名谈"，并指出"冷暖方知现量亲"。不过这个时期他也深入全面地去体会儒家经籍，并进一步深化儒佛会通的思想。马一浮在1920年写给金蓉镜的诗中说道：

> 愆过疑绳侍坐三，玄同儒佛信今谈。
>
> 传灯机语钳锤辣，遗泽诗书酒醴甘。
>
> 一性元知无异味，绝尘宁敢望交骖。
>
> 潜行密用吾何间，长幸先生为指南。

可见在1920年前后，马一浮继续进行会通儒佛的工作，兼治禅宗灯录与儒家诗书六艺，并且深切体悟到"一性元知无异味"，换言之，就是儒佛两家都是建立在自悟见性的基础上的。而在同一年，他在致友人叶左文的书信中，继续主张他的双立儒佛、儒佛本同迹异的观点，他总结指出，"若论性本，古今不曾移易丝毫。若约教迹，兄弟不能同一形貌"。

不过，此后马一浮的思想逐渐有所变化。总的来说，他由专研佛家禅宗转向专研儒家六艺，由双治儒佛转向以儒为宗。同样是1920年，马一浮有诗赠曹赤霞谓"弃官乱后无三宿，逃佛归来有六经"，似乎透露了这个转向。他后来写信给叶左文，简述自己的学思历程谓"浮实从义学、禅学中转身来，归而求之六经"。严谨地说，马一浮是从义学的讲论辩说中翻过一个身来，参透禅学，由此自悟见性；然后再从禅学中翻过一个身来，最后归宗儒家六经的。马一浮确切在何时返回六经、归宗儒家，尚有待考证。不过可以断定的是，最迟在1927年，马一浮已经正式返回六经、归宗六艺了，其标志则在于他改变了先前双立儒佛、儒佛本同迹异的观点，而主张以儒摄佛、佛家统摄于六艺。他写信给金蓉镜说："竺土灵文，有同词赋，剖析名理，语并华赡，故常失于奢，未若中土圣人言皆简实。洛闽诸儒所以游意既久，终乃求之六经。若达磨一宗，迹同高士。每谓王倪、啮缺、林类、荣期并宜抗颜祖录，何必南能北秀区区争一伽黎为哉。《易》有象，《诗》有比，彼其机语虽有大小险易雅俗万殊，以吾观之，则亦象耳、比耳，皆《诗》《易》之支与流裔。礼失求野，亦犹披沙简金，往往见宝。秘为独得，其陋可哂。必屏诸四夷，亦似未广。浮年来于此事已不挂唇吻，其书亦久束阁。尚欲以有生之年，专研六艺，拾先圣之坠绪，答师友之深期。虽劫火洞然，不敢自沮。"

在这封信中，马一浮不但明确表示他有志毕生专研儒家六艺，而且指出儒家六艺中的《诗》《易》二教可以统摄整个佛家禅宗，后者是前者的支流余裔。这标志着马一浮由儒佛双立转向以儒摄佛。在双立儒佛时期他批评宋代儒者的辟佛是宋儒"考之未尽密"所致，但这时候他调整立场，指出儒学没有佛学那么铺张烦琐，儒家更为"简实"，因此儒家胜于佛家。后来，马一浮还更深入地指出他要返回六经的原因，他对学生说："冥证者，无资于视听；默成者，何假于言说。世之纷纷，俱为愚蔽，至人无名，乃廓然矣。然伊川（即北宋理学家程颐）简二氏，'自谓穷神知化而不足以开物成务，言为无不周遍而实远于伦理'。吾昔好玄言，深探义海，归而求之，乃知践形尽性在此而不在彼，故愿贤辈亦无舍近而求远也。"这是说，马一浮曾经向佛道二氏求索身心性命的道理，并深入到义学、禅学、玄学中体会冥冥空灵的道理，可是后来研读儒学时发现，儒家主张性命神化之理应从"践形"（在日常伦理下功夫）做起，最终也一样能够做到穷尽性命之理，因此程颐就说过"尽性至命必本于孝弟，穷神知化由通于礼乐"的名言。而相比之下，佛道二氏虽然以展示性命之理为旨趣，并且说得冥冥灵灵，似乎很周遍圆融，但因为它们没有儒家笃实的践形工夫，所以往往"舍近而求远"，因此及不上儒家。马一浮对儒佛关系的这种省察是很深刻的，这最终促成他正式返回六经。有学者认为，马一浮学术思想的特色在于双立儒佛，其实这还是有些偏颇的。马氏学术思想是以儒为本，归宗六艺，以佛为辅，因此他曾经明确说："二家者俱盛于唐，及其末流，各私其宗以腾口说，恶得无辨。然其有发于心性之微者，不可诬也。故宋初诸儒皆出入二氏，归而求之六经。固知二氏之说，其精者皆六艺之所摄也，其有失之者，由其倍乎六艺也。然后为六艺之道者，定其言性道至易简而易知易从，极其广大而无乎不备。"

另外值得一提的是，返回六经、归宗儒家之后的马一浮并未放弃对于佛学的研究。他认为在现代背景下，学者对于儒学义理的展示与阐发，必须借助佛家义学与禅宗的方法与视野才能得到深入、全面和恰当的落实。禅宗对于指归自己、自悟见性的重视与强调，让儒学认识到六经、六艺植根于自心自性，因此六艺之道应该从自心自性中求取，而不可外求。义学对于心性义理的结构和环节的阐释与展示能力，更有助于将以"简实"为特色的儒学的含义丰富地呈现出来。实际上，如果没有佛家义学、禅宗的深度熏习，就没有后来马一浮六艺论中诸多关键性的洞见与见解了。

六 艺 新 诠

至迟从 1927 年起，马一浮将主要精力放在研究儒家六艺上面。因此逐渐地，马一浮不但是江浙一带有名的佛学居士、佛学大师，而且成为一代大儒。与以往一样，马一浮在这段时期继续潜心治学，暗然自修，无意用世。1929 年，马叙伦多方劝谕，邀请马一浮到北京大学讲学，但马一浮硬是不答应，其原因是"今儒术方见绌于时，玄言亦非世所亟""佰规（**指违背正常法则**）改错，则教不由诚；称性而谈，则闻者恐卧"。如果硬要出山讲学，不但收效甚微，而且这种对牛弹琴的做法也会使儒学"蒙羞"，因为儒学是最讲究时机缘会的。在马一浮心目中，讲论儒学、弘扬儒学的最佳方法，是通过儒者自身的学问与魅力，自然地吸引一批有志者与求学者围绕在他们周围，并在这个过程中相互问答、相互辩难、相互切磋，共同勉力于发明心性、讲明义理，为文化的传承与发展播下一两颗真实饱满的种子。

尽管马一浮厌恶当时社会学术的风气，尽管他不习惯于在现代大学讲授儒学，但他的上述夙愿，在这一时期其实是得到了部分的落实，主要的体现是马一浮与熊十力、梁漱溟等人建立起了一个国学与新儒学的共同体。马与熊、梁的认识与交往是现代学术史上的一段佳话，值得一提。

熊十力（1885～1968），湖北黄冈人。熊氏幼年家境贫寒，青年时代投身于推翻清政府的革命事业，慷慨激昂，但后来因为看到革命党人内部争权夺利的丑恶行径，深感"革命不如革心"，从此埋头研究儒佛，寻求身心性命的大本大源。此后熊十力还到南京欧阳竟无居士门下苦学佛法，精研佛家唯识宗的思想，后来应蔡元培的邀请到北大任教。熊十力为人直率狂放，而且天生就具有哲思能力与思想创造力。他在苦学唯识宗的过程中逐渐意识到传统的佛家唯识学有着破析心体、烦琐滞碍等关键性问题，于是由佛归儒，并自创新的唯识论思想，以文言文撰写成《新唯识论》一书。《新唯识论》一出，便受到熊氏老师欧阳竟无等人的猛烈批评，大有要将熊十力逐出师门的势头，而熊十力本身也是硬骨头，对于自己多年的苦思体究所得表现出相当的自肯和自信，因此对于这些批评，他都一一回驳。由此可见熊十力平生自视甚高，不肯盲从。不过，当熊十力听说杭州有一位暗然自修、学问深醇的隐士马一浮时，他不禁肃然起敬，想结识一下这位名士。

1929 年，熊十力恰好卜居杭州西湖广化寺养病。这个广化寺也就是当年马一浮广读《四库全书》的地方。恰在这个时候，熊十力在北大时的一位学生乌以风也来到杭州任文澜阁编修，师生重逢，格外亲切。乌以风来杭州后立即通过北大教授邓伯诚的介绍（**马一浮对于交友相当严格，初次求见者需要马氏友人的介绍**）拜谒了马一浮，此后乌以风成为经常亲近马先生的弟子之一。乌以风经常在熊十力面前推崇马先生，因此熊十力想通过这层关系与马一浮结识。于是他精心选取了《新唯识论》稿本数页，并用心写了一封信，信中并没有什么寒暄问候的话，直接说要求马一浮就正，并说自己"有疾不能亲来"。熊十力将论著稿本和书信让乌以风一同带给马一浮，马一浮阅后，对熊十力坦诚豁达的为人风格和深入广阔的思想境界十分欣赏，于是第二日便带着乌以风直接到广化寺造访熊十力。熊、马两人初次相见，也并没有什么应酬客套的话，他们直接对坐谈义，兴致甚高。当时两人的话题是讨论"常"与"变"的问题。熊十力主张"变"，并且认为本体（即天地人生的大本大源）也是不断流行变易的；马一浮则主张要从"变中见常"，要从"变易中见得不易"，认为本体是不易的，不能将本体说成变易。

可以说，熊、马二人对于常变的问题都有深入的探索与体究，但两人的思想渊源并不完全相同。马一浮儒学思想的基础在于宋明理学特别是程朱理学，所以特别强调"天理""本体"的不变性与尊严性。熊十力的思想基础则在于清初大儒王夫之（船山）之学，王船山"尊生""主动"的思想给了他很大的震动。不过，虽然熊、马两人见解有异，但并不妨碍这两位大儒彼此理解，彼此欣赏，于是两人从此契合，成为知交。熊十力虽然未能赞同马一浮的所有观点，但他对马一浮相当敬佩，后来他在继续撰写文言本《新唯识论》的过程中，得到了马一浮的帮助，马一浮给了他许多意见，熊十力从之不疑。在文言本《新唯识论》的绪言中，熊十力说道："自来湖上，时与友人马一浮商榷疑义，《明心章》多有资助云。"又说："《明心上》谈意识转化处，《明心下》不放逸数，及结尾一段文字，尤多采纳一浮意思云。"《明心章》占了文言本《新唯识论》一半的篇幅，这一章的主旨明显受到了马一浮的影响，并吸纳了宋明理学的许多思想。熊十力从善如流的风格，使得马一浮很佩服，他感慨地说："予当之不让，渠亦从之不疑，其服善之诚，盖虽古人不可多得。"熊十力本身是一个目空一切、自视甚高的人，但对于马一浮却相当推崇，因为他知道除了马一浮之外没有第二人可以深切理解并欣赏他的"新唯识论"思想了，也没有第二人可以这样与他深入地辩难与切磋了。这是为什么呢？马一浮说："此无他，彼所知者我亦知之耳。"熊十力对马一浮的推崇并不限于马一浮能够给他的"新唯识论"提出意见，他对马一浮后来所提出的六艺论也颇为欣赏。熊十力对学生说："夫六艺之旨，广大悉备，所谓'范围天地之化而不过，曲成万物而不遗'。唯智者真有得于六艺，则见其字字句句皆切于人生实用，而不可须臾离也。"

马一浮对熊十力的思想基本是赞同的。他欣然为文言本《新唯识论》作序。这篇序文虽然篇幅精简，但文字典雅，义旨深微，开篇不凡，指出"夫玄悟莫盛于知化，微言莫难于语变。穷变化之道者，其唯尽性之功乎"。序言还扼要概括了《新唯识论》的各项内容和环节，并以"破集聚名心之说，立翕辟成变之义"总结了《新唯识论》的主旨。同时，序言还点出了熊十力的思想境界和他所擅长的思想能力，指出"十力精察识，善名理，澄鉴冥会，语皆造微""可谓深于知化，长于语变者矣"。最后，序言还总结了《新唯识论》的思想成就，指出"拟诸往哲，其犹辅嗣之幽赞《易》道，龙树之弘阐《中观》"，并将此书与魏晋玄学家王弼所撰的《周易注》和印度佛学家龙树所著的《中观论》相提并论，其推重程度可见一斑。总之，这篇序文令人叹为观止，略有见识的人，都不会否认这是现代中国思想界第一流的手笔。熊十力对这篇序文很满意，他对学生唐君毅说："友人马一浮《新论序》曰：'穷变化之道者，其唯尽性之功乎。'此意从来几人会得？"同时，聪明的熊十力还体会到这篇序文虽然对他推崇备至，但却隐隐带有一些批评与提点的意味。他写信给马一浮说："序文妙在写得不诬，能实指我现在的行位，我还是察识胜也。所以于流行处见得恰好，而流即凝，行即止，尚未实到此阶位也。""乾道变化，各正性命""吾全部只是发明此旨。兄拈此作骨子以序此书，再无第二人能序得。漱溟真能契否，尚是问题也"。这里所谓"我还是察识胜也"，是说熊十力认识到自己"长于语变"，也即对"变化""变易"的问题具有深入全面的体会与思考，但是他也认识到他的思想境界仍然不及马一浮，换言之，他认为自己对于"流即凝""行即止""变中见常""从变易中见得不易"的境界缺乏深入的体会。熊十力对马一浮的这种回应，体现出他从不故步自封的思想态度和从善如流的开放心胸，值得我们学习。

现代中国的另一位大儒梁漱溟先生，也在这个时候与马一浮结识。梁漱溟（1893~1988），原名焕鼎，字寿铭，以漱溟之名行于世。梁漱溟生于诗礼之家，自学成才。他特立独行，自幼便想做和尚。他二十多岁时便发表了一篇《究元决疑论》，批评百家，独尊佛教。这篇文章被蔡元培看重，邀请他到北京大学教授佛家唯识学与印度哲学等课程。到了北大后，梁漱溟认识到年轻时不能完全讲佛教的解脱之道，而应该先完成在世的责任，在这个基础上才能出世解脱，因此他这个时候才娶妻生子，并"归宗儒家"。1922年，上海商务印书馆出版他的成名作《东西文化及其哲学》，此书指出人类基本上有三种"意欲"：西方文化以向前为意欲，中国文化以自我调和持中（即"双行"）为意欲，印度文化以向后为意欲。他认为印度和中国文化都是"早熟"的文化，目前中国社会应该先尽量全盘西化，等到发展到一个阶段，相应的社会问题出来后，中国调和持中的双行文化才对此有实质性的帮助，而最后人生终不免要面对生死的问题，这时候则有必要皈依佛家的解脱向后之道。梁漱溟这本著作奠定了他作为现代新儒学的先驱者的地位。此后，梁漱溟致力于社会改造运动以复兴中国文化，并到河南辉县、山东邹平等地从事乡村建设活动，撰有《乡村建设理论》。抗日战争时期，梁氏还不辞劳苦，深入敌后，为国事奔走。1946年，他在重庆北碚创办了勉仁文学院。

梁漱溟何时与马一浮结识，尚有待确切考证。梁漱溟晚年回忆自己曾在1921年第一次见到马一浮，并向马先生求教。但根据乌以风的记载，梁漱溟最初是在1932年到杭州延定巷拜谒马一浮的。梁漱溟一入门便长揖下拜，对马一浮表示尊敬。马先生答礼。两人就座后，马一浮问梁漱溟最近做何事业，梁氏因此纵论他乡村建设的实践，滔滔不绝。梁漱溟辞出之后，马一浮对乌以风说："梁先生有辩才！"乌以风认为在这一年梁漱溟才开始与马一浮订交。自此以后，马、梁二人可谓君子之交，虽然不常聚会，但历久而弥笃。1933年，马一浮曾与梁漱溟、熊十力同游杭州灵隐寺，并合影留念。

马一浮曾经赠送给梁漱溟两本宋明理学的书，一本是宋代大儒杨简（慈湖）的《先圣大训》，一本是明代大儒罗汝芳（近溪）的《盱坛直诠》。梁漱溟读了《盱坛直诠》后触动很大，自己写了一条幅："毫忽不能昧，斯须不敢瞒。"落款为："春日读《近溪集》有省。"他还自己把条幅装裱起来，悬挂在居室之内自我勉励。梁漱溟一生十分尊敬马一浮，曾到杭州拜访马先生多次，并认真阅读马一浮的著作，曾撰写有《重读马一浮先生〈濠上杂著〉》一文，抄录马一浮的文字并加以发挥。梁氏晚年曾经向别人总结他对马一浮的印象说："讲中国的老学问，读书非常的多，特别是中国的老书，他见得多，并且熟悉，很通达……刚才我说的'通达'两个字，他对东方的学术，儒家了、道家了、佛家了，他好像都很通。马先生可以说是我很佩服的一个人。"

与熊、马两人的关系一样，梁、马也能够彼此理解和欣赏。马一浮曾写信给正在为抗战奔走的梁漱溟，赞扬他"形劳天下，比于禹墨"。后来马一浮逝世，梁先生未能参加马先生的追悼会，但他发来挽电，也以八个字赞扬马先生是"千年国粹，一代儒宗"。无论是梁先生对马先生的评价，抑或是马先生对梁先生的评价，都是恰当到位的。当然，马一浮对梁漱溟的一些学术思想和社会实践有时是颇有微词。他曾经批评"梁漱溟先生以向前、向后、调和三种态度分别东西文化，不过安排形迹，非根本之谈"，又批评梁氏主持乡村建设"偏重功利"，与他"偏重心性"的路向不尽一致，因此"未敢苟同"。不过，尽管如此，马一浮在大体上还是赞同和支持梁漱溟的志业和事业的。

马一浮、熊十力与梁漱溟三人后来被称作现代新儒学的"三圣"，他们三人都是现代新儒学的奠基人。郭齐勇先生指出，他们三人已经形成了一个"国学共同体"与"文化共同体"，为中华优秀文化的传承与发展作出无量的贡献，这在以反传统为主流的现代中国社会，尤其显得难能可贵。尽管三先生居住在不同的地方，但这并不妨碍他们相互尊敬，相互关怀，切磋论辩，挚诚相待。尽管三先生在个性和风格上各有千秋，如马先生典重肃然，熊先生率真坦诚，梁先生峻整笃实，但这也不妨碍他们彼此欣赏，和而不同。同时，三先生的友朋和学生也是相互流动的，三先生的弟子们多尊三先生为共同的老师。郭齐勇先生说得好："道义在师生的激励、践履中，在艰危境地的相互扶掖中，深深扎下根来。在这种团体（哪怕是松散的）中，在师友关系中，人们所获得的，不仅是知识、学问，更多的是智慧、德行、友情。他们是保留我国传统人文教育特征的文化殿军。此后，在洋化的现代教育中，很少能找到这种师生关系了，很少有把学问与德行、做人与为文密切联系起来的文化共同体了！"

在整个 20 世纪二三十年代，马一浮除了深入研究儒学、结交当世儒者之外，他还将自己的"六艺论"酝酿成熟。在这个时期，他做了大量的读书和思考笔记，这些笔记的主要内容是缀录"先儒旧说""群经大义"，以便为撰写《六艺论》一书作准备。事实上，汉代大儒郑玄也写过一本《六艺论》，可惜现在大部分内容已经佚失。马一浮要重新撰写《六艺论》，则是与郑玄的《六艺论》"名同实别"。所谓"实别"，是马一浮认为六艺应是心性中所本然具备且自然流淌出来的道理，而并不局限于文献、经典意义上的六经。另外，马一浮在这个时候已经构思好《六艺论》的写法，他说："《六艺论》有两种作法：一为长篇，须引征广博；一为短篇，则但作扼要之论可矣。"看来，《六艺论》一书是要呼之欲出的。可是，限于身体虚弱等原因，马一浮并没有完成《六艺论》的写作。他在1936年写信给熊十力说："颂天劝吾作《六艺论》，适兄寄此文来，亦颇意动，终以无此气力，废然辍笔。然作与不作，于此理何增减哉！每揽兄文，辄喜兄精力尚健，可以著书，非弟所能及也。"

虽然马一浮最终没有完成《六艺论》的写作，但历史给了他一个讲授、弘扬六艺论思想的机遇。1937年7月，日军乘虚而入，上海将近沦陷，杭城势将不保。对于这次战事，马一浮已经早有料及。在同年2月，他对门人说："今日之事，三十年前已知之矣。共业已成，同归涂炭，哀此沦溺，只益悲心。"马一浮长期关注并研究人性、心性的问题，他认为这个问题不但是个人的问题，而且也是关系到国家、民族乃至全人类走向的本源问题。抗日战争的爆发，其实就是这个心性义理问题被覆盖、无视、践踏所导致的严重后果。他说："今天下例见，莫如以心性为空谈，而以徇物为实在，此战祸之所由来。儒者谓之不仁，释氏谓之痴业，辗转增上，以至于此。"他还指出："国土性空，物我一体，此义不明，人类终无宁日。"他认为，要挽救民族、国家、天下，使之不陷于危亡，路径只有一条，那就是拔本塞源，从徇物肆欲中省悟过来，发明心性义理。他说："今当人心晦盲否塞、人欲横流之时，必须研究义理，乃可以自拔于流俗，不致戕贼其天性。"研究义理、发明心性，不仅可使自己自拔于流俗，而且也能够延续和平光明的血脉，感应及人，最后"使全人类能相生相养而不致有争夺相杀之事"。另外，在马一浮看来，六艺就是见性复性之学，因此研究义理、发明心性的最好方式，就是具体展示出六艺大义来。

1937 年秋，杭州连遭轰炸，马一浮仓促避寇，幸好得到了学生姜心白的协助。姜心白此时正好接手主持杭州撤迁的急务，所以顺便调动卡车和舱船将老师的书籍和日用品统统运走。马一浮藏书丰富，卡车将书籍运至钱塘江边，往返十数次，水运的舱船则有 16 艘，最后连人带书籍平安运抵浙江桐庐。从走出危城，溯江而上，再到富春桐庐，一路山水清秀，马一浮心境逐渐安定下来。他深知战乱在根本上是由于人们心性遮蔽、制造恶业所致，所以他并不随着战乱而心绪不宁，在这个过程中他反而撰写了许多诗篇劝慰友人，告诉人们"天下虽干戈，吾心仍礼乐""定乱由人兴，森然具冲漠""麟凤在胸中，豺虎宜远却""寒暑相推移，天地自贞观"等道理。马一浮在桐庐住下不久，丰子恺也偕家人投奔了他。因为此前丰子恺收到马一浮寄来的书信和诗篇，让他感觉到"这封信和这首诗带来了一种芬芳之气""数月来不得呼吸精神的空气而窒息待毙的我，至此方得抽一口大气。我决定向空气新鲜的地方走。于是决定先赴杭州，再走桐庐"。到了桐庐，见到马先生，已经是深夜了。丰子恺回忆道："我在灯光下再见马先生。我的忧愁、疑惑与恐惧，不久就被他的慈祥、安定而严肃的精神所克服。我又觉得半夜惊扰的唐突还可乞恕，这副忧愁、疑惑、恐惧的态度真是最可鄙的。然而马先生并不鄙视我，反而邀我这一船难民立刻上岸，到他家投宿。"在马一浮的寓所住了几日后，马、丰两家又一起迁到桐庐乡下。丰子恺住在河头上，马一浮则住在阳山畈，相距不远。因此在这二十多天寒冬的日子中，丰子恺常常与马一浮的弟子王培德（字星贤）一起陪马一浮晒太阳，同时聆听马一浮讲论礼乐和六艺。丰子恺回忆这段经历说："我上午去访问，马先生就要我和星贤同去负暄（指冬日晒阳光取暖）。僮仆搬了几只椅子，捧了一把茶壶，去安放在篱门口的竹林旁边。这把茶壶我见惯了：圆而矮的紫砂茶壶，搁在方形的铜炭炉上，壶里的普洱茶常常在滚。茶壶旁有一筒香烟，是请客的；马先生自己捧着水烟筒，和我们谈天，有时放下水烟筒，也拿支香烟来吸。有时香烟吸毕，又拿起旱烟筒来吸'元奇'。弥高弥坚，忽前忽后，而亦庄亦谐的谈论，就在水烟换香烟，香烟换旱烟之间源源地吐出来。我是每小时平均要吸三四支香烟的人，但在马先生面前吸得很少，并非客气，只因为我的心被引入高远之境，吸烟这种低级欲望自然不会起来了。有时正在负暄闲谈，另有客人来参加了。于是马先生另换一套新的话兴来继续闲谈，而话题也完全翻新。无论什么问题，关于世间或出世间的，马先生都有最高远最源本的见解。"

就这样，丰子恺跟随马一浮聆听到各方面、各领域的高论。他还听马先生讲艺术。深谙艺术的丰子恺觉得马一浮讲起艺术来，"似乎看见托尔斯泰、卢那卡尔斯基等一起退避三舍"。幸好当时王培德记录下了马一浮向丰子恺讲艺术的内容，现录出一部分："先生避日寇，暂住桐庐阳山畈汤庄。丰子恺来谒，为论艺术云，辜鸿铭译'礼'为 Arts，用字颇好。Arts 所包者广。忆足下论艺术之文，有所谓'多数的统一'者，善会此义，可以悟得礼乐。譬如吾人此时坐对山色，观其层峦叠嶂，宜若紊乱，而相看不厌者，以其自然有序，自然调和，即所谓'多数的统一'是也。又如乐谱必合五音六律，抑扬往复而后成，然合之有序，自然音节谐和，铿锵悦耳。序、和同时，无先后也。礼乐不可斯须去身，平时如此，患难中亦复如此。困不失亨，而不失其亨之道在于贞。致命是贞，遂志即是亨。见得义理端的，此心自然不乱，便是礼。不忧不惧便是乐，纵使造次颠沛，槁饿以死，仍自不失其为乐也。颜子不改其乐，固是乐，乐必该礼。而所以能是者，则以'其心三月不违仁'。故仁是全德，礼乐是合德。以其于体上已自会得，故夫子于其问为邦，乃就用上告以四代之礼乐。会不得者，告之亦无用。即如此时前方炮火震天，冲锋肉搏，可谓极乱，而吾与二三子犹能于此负暄谈义，亦可谓极治。即此一念，便见虽当极乱之时，治机固未熄灭。扩而充之，未必不为将来拨乱反正之因。非是淡然漠然不关痛痒，吉凶与民同患，自然关怀，但虽在忧患，此义自不容忘，亦非故作安定人心之语。克实而言，理本如此，所谓真语者，实语者，不妄语者也。礼乐之兴，必待其人，苟非其人，道不虚行。吾今与子言此，所谓'千钧之弩，不为蹊鼠发机'，善会此义，而用之于艺术，亦便是最高的艺术。"

马一浮为丰子恺大谈"礼乐之道"。礼教与乐教都是六艺之教的内容。从这里可以看出，马一浮对于礼乐的见解相当地源本和深刻。他认为礼乐并不只是具体的礼节礼数和音律音乐，天地之间其实都充盈着礼乐。他认为，有一个自然的规矩，就是礼；将这个规矩做得恰到好处，就是乐。比如作诗，格律是礼，诗所展现出来的圆妙境界是乐；又如写字，笔法是礼，写出来的气韵便是乐。马一浮认为，这种天地间就自然具备的礼乐之道，是艺术的基础，所以他欣赏辜鸿铭将"礼"翻译成"Arts"（艺术）。同时，马一浮还提出"仁是全德，礼乐是合德"的思想，这成为后来他的六艺论的关键论题之一。另外，马氏还认为，在民族、国家战乱的困境中，读书人要吉凶忧乐与民同患，这是很自然的道理。但是忧患的心情也不可过度，从而损害心中的敦厚和乐之意，如果没有这一分深意，那么读书人的心灵便会陷入无尽的愁苦，从而体现不出读书人的价值。读书人的价值就是要在极苦、极乱、极忧、极困之中，保有并保育一分安定和乐的心意，并让心性的大本大源（也即仁德）自然地流淌出来，感染别人，从而种下一颗心灵的种子，在乱世之中保存治世的消息，让它成为将来天下太平的基业。后来马一浮在四川建立复性书院，与学友学生一起默然自修，成就德性，也是出于同样的理由。这并不是在国家民族的困乱情景中"逃避责任"，而恰恰是一种"同体大悲"的表现。这正如他写给熊十力的信所说的："唯慈可以胜瞋，唯仁可以胜不仁。众业虽狂，斯理不易。"马一浮这种深意与心意，是一般人难以理解的，同时也容易被一般人所误解。

当然，负暄的时光好是好，然而世间美好的时光常是短暂的。迫于炮火，马一浮随后带上亲戚、学生等避地至船形岭。当地有一位国画家、小学教师黄宾鸿（非名画家黄宾虹），闻知马一浮来，他倒裳出迎，并将新造的屋子让出来给马先生住。丰子恺劝马一浮作远行之计，但马先生似乎首阳之志已决，对于环境时势的变迁坦然处之，不慌不忙。他看得很透，心情也很坦然舒畅。他还为黄宾鸿讲漫画，讲艺术，说艺术的根本旨趣在于《礼记》所说的"释回增美"，也就是释去不善美的内容而保存善美的内容，给天地人间一个良性的导向。这当然又是一种"最高远最源本的见解"。马一浮在船形岭还作诗一首，其中有"宴坐冰霜窟，调心虎兕边"之句，可以想见他当时的心境。

1938 年 1 月，鉴于日寇逼近，抱定首阳志、调心虎兕边的马一浮还是要"脱身虎兕间，寄命芝兰畔"，他迫不得已离开住了半个月的船形岭，离开"杂花满径无人扫，野竹编门傍水开"的桐庐，退到了浙江开化，投靠他的好友、畏友、诤友叶左文。叶左文，名渭清，随父在开化居住。叶左文是个孝子，他将家业全部给了弟弟，自己则靠笔耕养妻活儿。后来到广东就任盐政官员，本来是个肥差，但是由于叶左文看到官场的腐败，所以不到一年便辞去官职，事亲读书。后来马叙伦聘请他做北京图书馆馆长，被他拒绝，但他还是接受做编辑的邀请。叶氏性格严谨清峻，精于校勘、目录、考据之学，他曾经将《宋史》校勘一遍，可惜书稿在开化被日寇空袭烧毁，抗战胜利后他又花十余年时间重新校勘了一遍。叶左文与马一浮很早就结识相好，两人时常有书信往来讨论学术。叶曾经批评过马一浮讲学辞气轻率，马一浮则严厉批评叶左文长期沉溺在史学和考据学中，而不能见到心性义理、大本大源。尽管如此，两人却保持了数十年的交情，难能可贵。这次马一浮带上亲戚、学生来到开化，因为有叶左文的悉心安排照顾，从而得以"虽曰流离，尚未失所"。但马一浮在开化，心境并不顺畅，他感受到这里"山川偏仄，闾巷狭隘，士卒渲嚣，令人邑邑"，加之"年衰力惫，琐尾流离，不堪其苦"，再者他所藏的书籍随着流离辗转而散失殆尽，令他忧伤惘然。困窘之中，他想起了好友谢无量在四川，想到四川去依靠谢无量，但开化离四川很远，一时难以想到入蜀的合理办法，其后又想起了浙江大学和浙大校长竺可桢。竺可桢等人很早就想邀请马一浮到浙大讲授国学，但是当时马一浮提出要设立国学讲习会，并要尊自己为"主讲大师"，同时学校不得干涉自己的讲学等等条件，最后双方还是谈不拢。而这次马一浮在流离之中，听说浙大要迁避到江西，所以写了一封信给竺可桢，表达愿意依随浙大一同迁徙的想法。竺可桢收到信后，当然是求之不得，他趁着这次机会再次邀请马一浮在依随浙大的过程中为师生讲授国学。马一浮没有拒绝，并最终应浙大"特约讲座"的邀请，到江西南部的泰和依随浙大，住排田村。

马一浮到泰和后，心境为之一豁。他居住在一小楼中。小楼绿树环绕，窗牖虚明，可以远眺，可以静思，日出日落，尽入眼底，烟云变幻，清晖娱人，甚是一适。而浙大校方也待他不薄，并且对他的思想和讲学的立场旨趣都略有了解，令他较为满意。因此他决定在泰和为浙大师生讲授国学的旨要和精华。他每星期六下午都举行一次讲座，一共讲了11讲，简明扼要地讲授"横渠四句教""楷定国学为六艺之学""论六艺该摄一切学术""论六艺统摄于一心""论西来学术亦统于六艺""举六艺明统类是始条理之事""《论语》首末二章义""君子小人之辨""理气""知能"等内容。马一浮对这种讲授方式比较满意，他认为这样讲授国学是一种"校外别传"，正如他所说的，"不居学职，则去住在我；不列诸科，则讲论自由"。而对于讲座的效果，马一浮其实是不甚满意的，他认为听讲者"大都质美而未学，似难骤与适道"，这是因为学生们多数已经接受了现代教育，崇尚知识闻见，忽视修养践行，而儒家的六艺之学恰恰是需要通过修养、体会和践行的功夫才能理解和把握的，但学生们往往以为马一浮所讲的只是一种知识，听一听就行了。后来马氏的友人和学生将这些讲稿统合起来，刊成一本名为《泰和会语》的小册子。"会语"这个名称是有来历的，马一浮认为自己这些文字只是讲稿而并非严格的著述体裁，这很像明代儒者的学术讲会记录，也与禅宗大德上堂垂语相似，所以将这些文字命名为"会语"。《泰和会语》虽然是一本小册子，但它标志着马一浮对自己酝酿已久的六艺论作出了第一次公开性发表。当然，《泰和会语》只是提出六艺论思想的一个大方向，许多问题尚来不及深入讨论，他自己也说："《会语》临时趁快写出，非以此为六艺论也。但去其枝叶，亦粗具六艺论之轮廓。"

《泰和会语》讨论的都是关于"国学"的最根本、最关键的问题。比如，如何从整体上理解国学？这是中国学术史的一个关键性问题。马一浮指出国学从本源上说就是"六艺之学"。他说："六艺者，即是《诗》《书》《礼》《乐》《易》《春秋》也。此是孔子之教，吾国二千余年来普遍承认一切学术之原皆出于此，其余都是六艺之支流。故六艺可以该摄诸学，诸学不能该摄六艺。今楷定国学者，即是六艺之学，用此代表一切固有学术，广大精微，无所不备。"马一浮认为一直以来国人对于国学缺乏一个有渊源、有条理的整体性理解。以往的经史子集四部分类法，或者是玄儒文史四学分类法，或者是清人姚鼐的义理、考据、辞章的分类法，等等，都没有触及大本大源。因此他楷定国学从根本上就是六艺之学，六艺是先秦诸子所共同承认和推崇的经典。马一浮还论证了四部分类中的诸子、史学、集部等都是从六艺这个源头分流出来的学术形态。马一浮定义国学时用了"楷定"两个字，是有深意的。他指出"楷定"不同于"确定"和"假定"。"确定"有不允许别人提出不同意见的意味，比较专断；"假定"则是自己尚有疑问，因此不能服人；而"楷定"则是自己定出一个范围和宗旨，使得所论说的内容不至于紊乱无序，但也不会强人必信。这体现出马一浮的学术思想具有开放性和融通性。

《泰和会语》讨论的另外一个关键问题是如何理解六艺。马一浮明确提出一个与传统的学术史和经学史不尽相同的见解。他认为六艺虽然是孔子所总结并展示出来的六部经典，但是这并不是孔子安排、造作出来的。六艺经典其实是六艺之道的外在化表现，而六艺之道则是植根于人心人性的本然道理。他说："吾人性量本来广大，性德本来具足，故六艺之道即是此性德中自然流出的，性外无道也。"在马一浮看来，心性的本源即是"性德"，性德可以以"仁"来概括，而性德之仁自然地具备并流淌出知、仁、圣、义、中、和等德性，而这些德性就构成了六艺之道的基础。因此，如果人们要理解和体认六艺之道，最根本的方法就是要通过具体的修养工夫指归自己、反求诸己，从而自悟、见性、复性。一且性德显露，人们就不但能够体会到六艺之道，而且能够践行六艺之道，其最终的效果是自己得到陶成、他人得到成全、天地得到化育。同时，在马一浮看来，"性德"或"仁"不但是人心人性的本源，而且是天地宇宙的本源，天地人生无不是性德的流淌与展示，无不是仁的兴发与盈满；而性德或仁又是六艺之本，所以盈天地之间无不是六艺之道。从这个意义上说，马一浮又提出了一个见解，就是六艺不但可以统摄中国传统一切学术，而且可以统摄西方一切学术。这个见解后来多被人们所指责，认为没有什么根据。其实如果我们对马一浮的"六艺"的性质有所理解的话，就不会有那么多指责了。

《泰和会语》还展示出马一浮要贯通先秦孔子六艺之学与宋明理学的尝试。一般认为，传统儒学在古代经历了两个大时代：一个是先秦儒学，以孔子的六艺之学、六艺之教为代表，这个学术思想系统后来发展成为经学，也即诠释六艺经典的一种经典诠释学；另一个是宋明理学，宋明理学探索的主要问题是孔子日常较少提及的"性与天道"的问题。就这样，经学和理学成为儒学的两个大流派。从学术史的角度来看，这两个大流派很难全面深入地贯通融合在一起。但在马一浮这里，他圆融娴熟地展示出"性与天道"是六经之源、六艺之本，还通过发挥程朱理学的关键命题"心统性情"来揭示出"六艺是一心之全体大用"的含义,很有思想见地。

另外,许多人认为马一浮在举国抗敌的困苦环境下,仍然弦歌不辍、讲学不辍,是有些不合时宜的。比如叶左文先生便对马一浮说这种做法是"不智"之举,他说现在是什么时候了,还要出来讲学。但马一浮认为这恰恰是要发明心性义理、阐扬六艺之道的时候。总结说来,在这时候讲论六艺之道有四个方面的用意。

一、明学术统类。马一浮认为人们对于什么是"国学"相当茫然,大学里所教授的国学内容也显得广泛笼统,国学成了"百货商店""万宝全书",这对人们自我熏陶、成就德性毫无帮助。因此在这种背景下,必须展示出一个清晰完整的学术统类和思想条理,勾画出一个大体和本源来。他说:"今举六艺之道,即是拈出这个统类来。统是指一理之所该摄而言,类是就事物之种类而言。""知天下事物种类虽多,皆此一理所该摄,然后可以相通而不致相碍。"可以说,马一浮将国学楷定为六艺之学,具有正本清源的用意,学者刘梦溪因此指出:"盖马一浮的'六艺论',是追寻我国学术思想的经典源头,回归到中华文化的原典精神。因为一国一族的文化之开新启运,必伴随着一次回归原典的精神重构过程。也就是辨明文化身份,知道从哪里来,才知道到哪里去。换言之，是在攘乱纷繁的现相世界重新发现自己的角色意义。"

二、立简易之道。楷定国学是六艺之学，这是一个开端，最终是为了立"简易之道"。学习并钻研六艺，人们最终会理解到六艺的本源就在于我们本心本性所自然具备的义理，因此学习六艺最终是要人们见性、复性。人们自心所本来具备的性德就是六艺的根本和大体，这个是至为简易而又至为根本的道理。马一浮认为，如能立得简易之道，便能物来而顺应、廓然而大公，不会因为处境、环境的改变而遮蔽扭曲真实的自己，这在战乱困苦的时代尤其显得迫切重要。他说："夷狄患难纷然交乘，此时正要勘验自家身心，须有一个安顿处。否则与之俱乱而已。所言安顿处，即是义理。无论死生存亡皆不失其正，求仁得仁，此外岂有余事邪。"在变乱无常的环境中，需要有一个真实无妄的安顿之处、简易之道，这就是见性复性、发明性德，而见性复性则需要在讲明六艺之学、发挥六艺之教的过程中得到落实。

三、挽国家危亡。马一浮认为，明学术统类、立简易之道，从根本上说就是要挽救国家危亡。他有一个独特而又有渊源的儒家历史观。他认为近现代中国之所以走向危亡的境地，是国人不明心性义理所致。从清代魏源"师夷长技以制夷"到"科学救国"，再到"革命抗战"，国人一直在做着一个虚幻的梦，这就是"富强梦"。但是极端的富强观念容易导致一个严重的后果，那就是"不仁"，换言之就是遮蔽性德、扭曲心性，此即孟子所说的"为富不仁矣，为仁不富矣"。如果人们陷溺在不仁之中的话，那么"争资源，辟殖民地，力征经营，狙诈飙起，趋其民以就死而不悔"的事必然频频发生。因此马一浮说："今天下例见，莫如以心性为空谈，而以徇物为实在，此战祸之所由来。儒者谓之不仁，释氏谓之痴业，辗转增上，以至于此。"因此，如果要挽救国家、民族于危亡之境，最根本的办法并不是富国强兵，重要的是通过阐扬六艺之道来讲明义理、发明性德，从而厚培国本，为将来的真正富足与和平播下饱满的种子，造就善美的因缘。他说："窃惟国之根本，系于人心，人心之存亡，系于义理之明晦，义理之明晦，系于学术之盛衰。中土圣贤道要，尽在六经。"

四、领世界文化。马一浮认为，六艺不仅可以挽救国家危亡，而且可以进而领导世界文化，因为人性无分于东西南北、黑白棕黄，而现在举世皆陷溺在习气和私欲之中，遮蔽人性，导致不仁，从而为了各自的富强梦而引发全球性的战争和战乱。在这个背景下，植根于性德、源本于仁心的六艺之教，必将具有全球化的普遍性价值，让各国人民去除习气和私欲，从而将"使全人类能相生相养而不致有争夺相杀之事"。因此他自信地说："吾敢断言，天地一日不毁，人心一日不灭，则六艺之道炳然常存。世界人类一切文化最后之归宿必归于六艺，而有资格为此文化之领导者，则中国人。"这种言论在现代中国反传统思潮盛行、文化自虐现象严重的背景下尤显珍贵。

我们知道，宋代大儒张载提出有名的四句教："为天地立心，为生民立命，为往圣继绝学，为万世开太平。"马一浮通过对六艺的阐扬，通过对仁的体认，通过对性德的展示，在现代的背景下践行了张载的四句教，在举世萎靡困乱的时代播下了光明厚实的思想种子。

1938年6月底，浙大学期结束，暑假开始。夏天，赣北战事日紧。由8月底起，浙大师生分批经过衡阳迁往广西的宜山。马一浮则先向南行，过大庾岭入广东，再走水路到广西柳州。宜山离柳州不远。因为暑假尚未结束，所以马一浮乘车北上到桂林，与马君武、丰子恺以及学生吴敬生等人相聚。他们特地为马一浮在城东租了屋子。屋子窗槛临江，倚窗望去，对岸山峰宁静罗列，羁怀顿豁。马一浮与马君武早年都怀有救国之心，相互勉励，激扬文字。晚年两人于离乱中在桂林重逢，"昔时两年少，今日成老翁"，二马颇有感触，马一浮赠诗马君武，以"观生了如幻，忘年亦可宗。世事且勿道，目送冥飞鸿"的心意相劝慰。

马一浮在桂林住了一个月左右，心境颇好，直至10月下旬到达宜山，继续为浙江大学师生讲授国学。他前后讲了九讲，分别讲论"说忠信笃敬""释学问""《颜子所好何学论》释义""说视听言动""居敬与知言""涵养致知与止观""说止""去矜"等内容。这些讲稿后来被刊刻为一本名为《宜山会语》的小册子。在《宜山会语》中，马一浮继续发挥六艺论的含义。如果说《泰和会语》主要是指出六艺论的基本内容的话，那么《宜山会语》则是指明六艺论的思想基础。他说："某向来所讲，谓一切学术皆统于六艺。六艺之本，即是吾人自心所具之义理。义理虽为人心所同具，不致思则不能得，故曰学原于思。要引入思惟，先须辨析名相。故先述六艺大旨，其后略说义理名相，欲指出一条路径，以为诸君致思穷理之助。但因时间有限，所讲至为简略，不能详尽。若能切己体究，或不无可以助发之处。否则只当一场话说，实无所益也。"马一浮认为，六艺是从人人心性中流淌出来的自然的道理，而要理解掌握六艺之道，则一方面需要探明六艺本身的各种内容，另一方面需要直接体究心性义理。从先秦到宋明，古人对于心性义理的论述非常丰富，并展示出各种义理名相（也即谈论心性义理的名词术语）。马一浮在《宜山会语》中特别选取了"言行""学问""视听言动""居敬""知言""涵养""致知""止观"等义理名相作出丰富全面的辨析和展示，让人们更直接地深入到心性的源头上去，从而确认六艺之本、性德之真。

《宜山会语》在《泰和会语》的基础上，特别强调"工夫"。换句话说，马一浮认为，六艺之道、心性之源需要通过切实的见性、复性工夫才能理解并把握得到，因此他特别重视对关于修养工夫的义理名相作出具体的辨析。马一浮的修养工夫论在现代新儒家中颇有特色、独具一格。他认为人们之所以埋没心性、障蔽性德，是因为"习气"的作用，虚妄的习气遮蔽了真实的性德，让人们不能见性复性，最终埋没在习气中，生出百般虚妄的搬弄造作，并最终引发争端。因此"去习复性"就成为他的工夫论的中心话题。那么在现代社会人心陷溺、道德沦丧的环境下，究竟如何全面达到去习复性的任务？马一浮以宋明理学特别是程朱一系的"主敬"工夫为主干和基础，融合了先秦孔孟的"居敬""持志"等工夫说和佛家的"熏习""止观"等思想，展示出一个现代新儒学的工夫论系统。他认为，在主敬工夫的作用下，虚妄无实的各种习气将会慢慢消除，在这个过程中真实充盈的性德将会逐渐呈露。性德全体呈露出来，人们即能够见性、复性，从而将会对六艺之道有一个真切的体认和理解，并由此转争端为和平、化兵气为慈光。

《宜山会语》在举世崇尚知识、向外驰求的情景下，力求让人们着实下工夫以反求诸己、见性复性，这无疑表现出马一浮将心性问题作为人类根本问题的一贯立场。他向学生评价《宜山会语》说："《宜山会语》才出一期，向后如尚容续讲，皆用此鞭辟入里之言，痛下针札。虽明知扞格不胜，吾自尽吾诚，且不为一时说。视在泰和所讲者，用处又别，却望勿视为老生常谈也。"

马一浮流寓桂林、宜山，他在从容讲学之余，面对"活国吁谟矜战伐"的诡异气氛，过着"流人心迹混樵渔"的羁旅生活，颇有感触。这期间他写出了一篇杰出的长篇古诗《革言》。"革言"一词出自《周易》"革"卦，意思是"当革之论"。面对残酷惨烈的战争，人类应当何去何从？马一浮认为，人们应当洗心革面，从心性这一大本大源上消除争端根源，恢复和平正道。《革言》的内容分为三个部分，开篇展示出人类争战的残酷情景，诸如"乱国务兼攻，接壤皆寇雠""冲辀（辀指兵车）疾飙驰，铁骑盈山陬""飞鸢挟巨石，见卵纷下投""四衢绝人行，白日成九幽""野乌啄残尸，狐狸上高楼"等句，让人身临其境，体验到战争的触目惊心，并在字里行间追问本来和平宁静的地球村为何变成流血的地狱。第二部分揭示了战争的根源。马一浮认为这是"众狙逞喜怒，异论徒哅啾"所然，也即当时的人们（特别是知识分子、社会精英）失去了真实无妄的愿力、思想与理

080

想，空言富强，飘忽无定，最终动摇国本，百夷交侵，危害百姓。《革言》最后一部分具体展示出消兵息战的根本方法在于礼乐六艺之道。诸如"但秉羲皇心，汔可禽蚩尤""玄圣制六艺，大禹分九州""体信扬天声，吐辞尽琳璆""礼乐正万邦，庶物皆油油""祥刑措不用，直道人共由""洗兵罢征讨，唯以事春菟""往蹇有来硕，亨困复何忧"等句，都从根源上揭示出人类走出战乱迷惘、走向和平正道的根本方法，就是要秉持心术心源之正，遵循礼乐六艺之道。《革言》一诗得到了谢无量的赞赏，他认为"其义之所被，直当及于齐州殊俗，非仅中土而已"，马一浮则自评说这首诗"格局谨严，辞旨温厚""可当诗史，不为苟作"。

蜀 江 清 流

早在泰和讲学时，马一浮在重庆的友人、学生如刘百闵、寿毅成、熊十力、张立民等人，觉得他在浙大讲学规模不大，受众不广，于是想借着马先生出山讲学的机会，因利乘便，顺水推舟，向马先生建议设立一个儒家书院，更广泛地阐扬六艺之道。

开始的时候马一浮颇有犹豫，顾虑重重，他认为在战时建立书院，是不容易实现的事。不过马一浮仍然觉得缘会难得，所以他饶有兴致地与友人、学生讨论创立书院的条件和基础。他认为现代儒家书院应该与古代书院以及现代大学研究院都有不同。大学研究院研究儒学，多采取客观实证的立场，与自己身心性命的修养毫无关系；而古代书院则因为不能与政治绝缘，同时书院主持往往有官宦家室之累，所以往往不能长久。经过考虑，马一浮主张现代儒家书院可以参考佛家禅宗的丛林制度，书院建立在山林幽旷之地，讲者与学人随缘往来，不参加政治活动，不隶属于政府部门，通过社会捐赠形式维持运作。他自己还起草了《书院之名称旨趣及简要办法》。在书院名称上，他主张将书院命名为"复性书院"，原因是"学术人心所以纷歧，皆由溺于所习而失之，复其性则同然矣""今所以为教者，皆囿于习而不知有性，故今揭明复性之义，以为宗趣"。在书院的讲学内容上，他指出要见性复性、讲明性德，则必须依六艺为教，而研治六艺则不应该采取传统经学考据的方式，而应该以心性义理为主；同时，研究六艺应分为"通治"和"别治"两大门类，通治门在整体上研习六艺大义，别治门则专治一经一艺。后来马一浮还补充了一条内容，就是书院应该设立玄学、义学、禅学三个讲座，延请相关大师、专家讲授，他认为儒学的发展离不开对佛道之学的借鉴与滋养。总而言之，马一浮对于筹备书院的态度是积极的，他给熊十力写信指出，"若审之义理而可安，弟亦不惜一行，为先圣留一脉法乳，为后来贤哲作前驱"，甚有知其不可为而为之的愿力。

此后，马一浮又与熊十力、张立民等人多次书信往复讨论书院的各方面问题。在酝酿的过程中，这件事被蒋介石的秘书陈布雷和教育部长陈立夫得知，他们将此事告知蒋介石。蒋介石仰望马一浮的名望，他出于收买人心等意图，表示自己可列名为书院的创议人，并说书院成立后教育部将每月补助经费，教育部还表示"名义、章制俱候尊裁"。马一浮对此当然是不愿意的，因为这无疑是将书院性质官方化，违背了他讲学自由的初衷。他向张立民写信说："彼若嘉奖，助以基金，不论多寡，可以接受。若请求开办费，请求补助经常费，此与普通私立学校无异。须经彼批准，须按月领取，则明系隶属性质，事体乃大不佯。"他还认为在书院经济上贸然请求于政府部门，那么必定丧失儒家的立场，同时也使受请求者失去尊师重道之心。他同时感叹现时代风气萎靡浇漓，国民政府与古时候的魏文侯、齐宣王、姚兴、梁武帝等统治者相比都相差很远。例如梁武帝当年就为陶弘景、陆修静等人立馆，又遣送太学生到山中向何胤学习，而姚兴则本是羌人，却能尊重鸠摩罗什，并能供养、聚集僧侣三千余人。对比之下，如今的政府则连尊重学术自由的气量都没有。因此，马一浮对于筹办书院的兴致由积极转向了消极。但在这期间由于熊十力写信催促，认为"部中一切听弟自主，在今日固已难能"，还以墨子、苏格拉底为例子，劝马先生"勿坚卧"，不要过于清高。加上蒋、陈诸人明确表示"始终以宾礼相待"，并延请马一浮为复性书院主讲，派车来迎，当时在宜山讲学的马一浮才勉强答应到国民政府所在地重庆与诸位筹备人商讨书院事宜。1939年初，马一浮乘上国民政府派来的汽车，自广西经贵州入川。临行前，他以诗明志，诗云：

> 故国经年半草莱，瘴乡千里历崔嵬。
>
> 地因有碍成高下，云自无心任去来。
>
> 丈室能容师子坐，褒斜力遣五丁开。
>
> 苞桑若系安危计，绵蕞应陪禹稷才。

"苞桑"出自《周易·否卦》，指丛生、茂盛的桑树的根十分深固，比喻天下国家得到了真正的和平安宁。在诗中，马一浮指出，使国家转危为安的根本方法就是要培养出大禹、后稷一类的人才，这隐含他对于书院事业的无限憧憬和期待。他曾对张立民说："欲造就学者使个个可以为王者师，方是儒者本分。如此设立书院，方有意义。故当从源头处审谛，不可稍有假借也。否则人云亦云，安用此骈拇枝指为哉。"同时，诗中"云自无心任去来"一句，也体现出马一浮进退随缘的心态，他不敢说书院一定能办好，也不敢说书院一定不能办好，最恰当的办法无疑是根据情况时机的变化而做相应合理的事。

1939年2月，马一浮甫抵重庆，蒋介石便要见他。马一浮不得已，乃由陈布雷陪同至蒋氏官邸。马一浮与蒋介石具体谈了些什么，现在不得而知，而任继愈、乌以风等人则略有相关的回忆。任继愈曾在重庆拜会过马先生，他在《马一浮论蒋介石》一文中回忆说，他问马先生，以前见过蒋没有，谈后有何印象。马先生说，从前未见过蒋。见蒋时，劝他"虚以接人，诚以开务，以国家复兴为怀，以万民忧乐为念……"像这样文辞典丽的骈俪发言有一二十句，他当时记不全。他又问马先生，对蒋介石这个人的印象如何，在他身上能否看出有没有中兴的气象？马先生沉思了一两分钟，说此人英武过人，而器宇褊狭，乏博大气象，举止庄重，杂有矫揉，乃偏霸之才，偏安有余，中兴不足，方之古人，属刘裕、陈霸先之流人物。"偏霸之才"四字，马先生说了两遍，故任继愈印象极深。而根据乌以风的记载，蒋介石听到马一浮这番话后，"闻之愕然，稍坐即辞去"。乌以风还回忆说："翌日，先生谓予曰：此人偏霸之才，不可与有为，若是王者，必下拜昌言（昌言，*治国安邦的重要言语*）。诚、虚正为他的病痛而发，忠言逆耳利于行，自古然也。"由此看来，马一浮对于当局的诚意奖助、书院的顺利发展的怀疑与犹豫是有道理的，因为蒋介石对马一浮的态度比之古时候梁惠王和齐宣王对孟子的态度都弗如远甚，还有何诚意去扶持文化、为民立命呢！同时，很有意思的是，马一浮对蒋"偏安有余，中兴不足"的评价，竟一语成谶。

马一浮见了蒋介石后，对重庆之行颇感后悔。他深知蒋愿意接见他，愿意支持复性书院，其真正意图是通过书院的建立，帮助他推行所谓的"新生活运动"，以最终达到抑制民主思潮、消除共产主义影响的目的。但是马一浮为了书院的建立和发展，为了培养真正的安邦治国人才，迫不得已乃曲顺时会、勉此一行。这体现出一代儒者以天下为己任、知其不可为而为之的情怀与愿力。马一浮曾写信给学生吴敬生说："吾与人无所不接，彼虽以不诚之心来，吾答之不敢不尽其诚。然在渝留止浃旬，所见之人不为少，据理观察，终觉前路茫茫，少有希望。一派虚伪苟且之习，毫无忧勤惕厉之意，处此偏而不安之局，岂不殆哉岌岌乎！"当代有学者出于利害计较之心，说马一浮与蒋介石当时是相互利用，各便私利，这种谬说与历史事实、与马先生的生平行事完全不符，真是厚诬前贤！

马一浮在重庆还见了孔祥熙、陈立夫，陈亦来访、宴请。马一浮在重庆向当局重申筹备书院的三原则：不隶属现行教育系统、不参加任何政治运动、除拜先师外不随俗举行任何仪式。当局应该是勉强答应了。此后，马一浮决定由重庆到四川乐山（古称嘉州）去商讨筹备书院事宜。临行前，贺麟教授宴请马一浮，熊十力、任继愈作陪。任继愈回忆起熊、马两先生的不同风格和风度时说："席上有一盘菜熊先生尝后觉得味道不错，叫人把它移得近些，吃得淋漓尽兴。马先生举箸安详，彬彬有礼。这两位学者治学不同，性格迥异。熊先生豪放不羁，目空千古。马先生温润和平，休休有容。"

到了乐山后，马一浮先住在位于岷江之滨的武圣祠内，后来因病移居城外过街楼。8月19日，日机轰炸乐山，城中瓦砾一片，当时住在乐山的熊十力足部受伤，马一浮于是避至乌尤寺的尔雅台（相传为晋代郭璞注《尔雅》的地方）居住。他觉得自己从避难以来，到此地已经是避难的终点，以后只有听天由命，不再迁徙了。在此期间，马一浮甚喜欢嘉州山水，于是选定了乌尤寺作为书院院址，并借僧寮20间作为教学、生活之用。他还不辞劳苦，撰写《书院缘起》，印发《书院简章》，并与熊十力一起征选书院学生。《书院缘起》是一篇典雅纯正的大文章。文章指出国之根本系于人心，人心之存亡系于义理之明晦，义理之明晦则系于六艺之讲明与否，因此需要确立以"六经为道本"。文章还指出，六艺不能讲明，义理不能显豁，人心不能保存，其根本原因就在于人们埋没、陷溺在习气中，而不能见性复性，从而举世纷争，不能自拔。因此要发扬复性去习、讲明六艺、养成通儒的宗旨，从而拯救自己、振民育德、安定天下。《书院简章》发出后，寄来文字求录取者有800余人，但因为经费、宿舍不足以及学生功底不够、志向不正等原因，马一浮与熊十力最终录取了近30人作为书院肄业生。在经济上，国民政府资助开办费3万元，8、9月资助经常补助费4000元左右，孔祥熙赞助基金10万元。不过马一浮认为政府的做法并不诚恳，而且违背书院经济独立并由社会募捐的主张，他向教育部讲明当局以私人名义赞助即可，以"拨款"的方式则不可。当时的教育部是否因此作出调整，尚待考证。同时，书院还成立筹委会与董事会等机构，熊十力、贺昌群、谢无量、刘百闵、沈敬仲、陈布雷、寿毅成、梅迪生等任委员。其中熊十力和贺昌群对书院的事最为积极。贺昌群是浙江大学教授，对魏晋玄学和佛学考据甚有研究，他在浙大时认识马一浮，两人互相欣赏。而当贺昌群得知马一浮创办、主持复性书院后，随即辞去浙大教职，欲与马一浮筚路蓝缕，创立一片文化新天地。

就这样，复性书院在炮声隆隆、战火弥漫、众人不解、基金难以保障中逐渐创建起来。1939年9月17日，复性书院正式开讲。开讲仪式简洁肃重，仪程有：谒圣、相见、肃宾、报告筹备经过、主讲与讲座开示、都讲致辞等。其中谒圣一项与众不同，由主讲马一浮率众依序站立，向讲坛行三礼，然后焚香、献花、读祝词，最后行三礼才完成。开讲期间，马一浮与熊十力都有"开讲日示诸生"一项内容。

此后，复性书院在各方面都有所进展。在筹建时马一浮本欲开设玄学、义学、禅学、理学"四学"讲座，分别由谢无量、熊十力、肇安禅师和自己讲授。后来因机缘不够，马一浮自己先讲六艺大义。书院后来则曾聘请过哲学、诗教、三礼等方面学者专门开讲座。此外还聘请讲友和都讲。被马一浮聘为讲座的有：赵熙（四川名流，精通诗词）、谢无量、叶左文（被聘为三礼讲座）、梁漱溟、钟泰、张颐（德国哲学专家）、黄离明（精诸子之学）等人。驻院讲座有熊十力，被聘为讲友或通讯讲友的有贺昌群、沈敬仲、龙松生等人，聘马一浮、熊十力的学生乌以风、张立民、刘公纯、王星贤为都讲。书院还曾经邀请过史学家钱穆等人来讲演。书院以自由讲习与修养实践为主，讲习与研究则主要由主讲统领。主讲每周讲一个上午，约两个小时，其余时间则是分批接见学生，学生自由提问，主讲因材施教。每次讲课前，都讲都会先将讲授的地点旷怡亭（长方形的亭子，可容百人）打扫清洁，安排妥当，然后摘献花一束，恭请献于讲台上，作为献花礼。学人齐集旷怡亭后，都讲便从尔雅台请出马先生，马先生徐步行至讲台，讲授群经大义、六艺大旨。马先生每次讲授，必着礼服，肃然端坐。他以讲学为一大事因缘，所以相当认真严肃。同时，他将书院的讲学看得很神圣，并刻意将之与现代大学严格区别开来。岷江的对岸就是战乱中迁徙过来的武汉大学，武大曾经邀请马一浮渡江过去讲演，被他拒绝，马一浮也绝不允许武大学生去书院听讲。

马一浮的住处尔雅台是一个清雅别致之所。台前小院不过四五十平方米，但下临绝壁，老树郁蟠，岷江绕台向南流去，江声日夜澎湃不息。天朗气清时节，遥望峨眉，巍峙云表，朝烟暮霭，变化万千。江外则山野萦回，苍翠无际，风月无边，风光无限。马一浮与诸讲友、学友在这个清幽雅致、略远战火之处，仍然进德修业，发明心性，弦歌不辍。这种事业，就犹如底下的蜀江清流，在幽静中流淌不断，流向远方。马一浮有《尔雅台》一诗，既展示出景色，又透露出心境。诗云：

静树深如海，晴天碧四垂。

一江流浩瀚，千圣接孤危。

聚沫观无始，因风阅众吹。

虫鱼知已细，何物有成亏。

在复性书院讲习数年，马一浮留下许多讲稿和论学书信，后来辑录成《复性书院讲录》（共6卷）、《尔雅台答问》

（共1卷）、《尔雅台答问续编》（共6卷）、《濠上杂著》（初集、二集）等书。另外他还将自己避乱以来的诗歌辑录成《避寇集》，请谢无量作序。《复性书院讲录》和《尔雅台答问》虽然仍只是讲录和书信集，并非严格的学术著作，但它们是马一浮在学术思想上的代表作。熊十力大弟子、第二代新儒家的代表人物徐复观先生对这两本书有很高的评价。他说："以书札论文、论学，是中国学人的传统。然若非所积者至深至厚，触机便得，则多为门面肤泛之谈。以书札论文者殆无过于韩昌黎、姚惜抱。以书札论学者殆无过于朱元晦、陆象山。今日尚保持此种传统，而文字之美、内容之富，可上比朱元晦、陆象山诸大儒而毫无愧色者，仅有熊先生的《十力语要》及马先生的《尔雅台答问》。盖《语要》《答问》，虽非系统的著作，但熊、马两先生皆本其圆融的思想系统，针对问者作深切地指点提撕，其中无一句门面话，夹杂话及敷衍应酬话，可以说真是'月印万川'的人格与思想的表现，对读者最为亲切而富有启发的意味。至于马先生的《讲录》，则系熔铸六经，炉垂百代，以直显孔孟真精神的大著。"因此，我们有必要简述这两本书的主要内容。

　　《复性书院讲录》在《泰和会语》《宜山会语》的基础上，继续深入阐发六艺论的思想。《讲录》主要有三大内容。首先，《讲录》明确展示出六艺是一个结构严整的思想系统，六艺主要具有三个性质：六艺之为全体、六艺之为大用、六艺之为工夫。这三个性质是相互交织融摄在一起的。所谓六艺之为全体，就是说六艺首先是六艺之道，六艺之道是由仁、义、礼、智、中、和等全体的德性所奠定出来的，所以六艺是性德之全体。马一浮说："仁者，德之总相也，开而为二曰仁智、仁义，开而为三曰智、仁、勇，开而为四曰仁、义、礼、智，开而为五则益之以信，开而为六曰智、仁、圣、义、中、和，如是广说，可名万德，皆统于仁。"性德是心之本体，性德可以展示为万德，而万德则统摄于仁，所以仁或性德是心之全体。而仁流出诸德、性德流出万德的过程，就是六艺之道展示的过程。所以六艺是仁，是性德，是心之全体。另外，有体则必有用，因此作为性德全体的六艺之道，乃自然地酝酿、流淌并展示为六艺大用，成就人类合理、正常、充实的生活形态。合而言之，六艺便是一心之全体大用。马一浮还指出，这个六艺的全体大用的结构，在《礼记》一书中的《孔子闲居》篇中可以找到证明。最后他指出，并不是人人可以体会和践行到这个六艺的全体大用结构的，人们的性德全体往往为虚妄的习气所遮蔽掩盖，所以必须加以见性复性的修养工夫，而见性复性工夫的关键是"敬"，敬能够令人做到心思专一、心通义理，使得习气逐渐消除，性德逐渐回复显露。性德回复显露，人们就自然地展示出爱敬父母的心念与行动，这就是"孝"的工夫，孝的工夫能够在敬的工夫的基础上，让性德全体、六艺之道显豁并践行，从而落实为六艺大用。总言之，"敬""孝"工夫是保证六艺全体展示为六艺大用的关键性内容，因此六艺从根本上说是一种工夫。概言之，六艺之为工夫是六艺的第三个性质。六艺之为全体—工夫—大用共同构成一个意义的结构和整体，为人们成就自身、陶成德性、立己立人提供丰富的思想资源。

《复性书院讲录》的另一个贡献，是马一浮借鉴了佛家华严宗等判教思想，指出六艺都是"圆教"，并非"偏教""别教""小教""权教"，因此他具体展示并落实"六艺皆为显性之书"。换言之，就是要论证出六艺中每一艺都是性德自然自如的展示。比如他论证诗教，说诗教的基础就在于仁心、性德的感兴作用，诗教通过言语让学诗者有所感动、有所兴起，并在这种感兴的过程中体会出仁心、性德。因为感兴是心的感兴，心之所以能够有所感兴则是因为仁的作用，因此马一浮提出了"诗教主仁"的命题。又如书教，他指出孔子"为政以德"是书教的要旨，书教本于性德，离开性德则政事不能充分着落和施行。他通过对《尚书》的名篇《洪范》的疏解，试图充分揭示出《洪范》中的"皇极"表示的就是性德本身，而《洪范》所说的治国平天下的

"九畴"（九大内容）就是根据性德而开展出来的尽性之法。再如易教，更是圣人称性称理的大教。他以"观象"为学《易》的关键，并论证认为《周易》的象是心性、性德的感动所引发出来的阴阳之气，而心本身即是太极，因此观象就是观心之动，从而在观照检察心之动的过程中令心得以顺性顺理，最终避免陷入灾凶悔吝之中。总言之，马一浮试图通过对于六艺经典的重新诠释，确认六艺的基础全在于心性、性德，证明六艺摄归于性德。

《复性书院讲录》的另一个特色，是马一浮以六艺为背景，揭示出《论语》是六艺之总汇和六艺之要。"总汇"是指《论语》集中全面地体现出六艺的内容，"要"则指《论语》展示出六艺思想的旨要。就作为六艺之总汇而言，《论语》中"思无邪"等语是诗教之要。《论语》末篇"尧曰"一篇则是书教之要。"乡党"一篇则是学礼之要，"言忠信，行笃敬"一语则是学礼之要。"学而时习之，不亦说乎""有朋自远方来，不亦乐乎"则兼有礼乐二教的要义。《论语》记孔子说"加我数年，卒以学《易》，可以无大过矣""朝闻道，夕死可矣""逝者如斯夫，不舍昼夜""四时行焉，百物生焉，天何言哉"等都深刻地体现出孔门易教的深意，是读《易》观象之要。春秋教重视名分，因此《论语》中孔子说的"必也正名乎"一句是《春秋》要义。其次，就作为六艺之要而言，马一浮指出《论语》主要阐发了"仁"与"孝"的含义，《论语》通过对仁与孝的提点，肯认出六艺的本体就在于心性、性德，同时也蕴含着六艺之为全体—工夫—大用的基本结构。马一浮这种诠释《论语》，可以说是继承了宋明理学强调心性、强调"性命天道"的思想史背景，并以此融合先秦儒学经典，开启出现代新儒学的一个反本开新的方向。

《复性书院讲录》对于孔子六艺、六经的诠释，与传统以来侧重于解释文句、讲明训诂的经学形态有不同之处，马一浮所重视的是群经大义、六艺旨要，也即是透过对六经文字的诠释与体认，直接揭示出六经文字都是性德之自然流行、心性之自如显豁。这是一种深厚的文化会通论，对于人们从整体上理解中国文化之源头有莫大帮助，同时也令人们从这当中思考并进入到一个本源本真的意义世界和生活世界中。

《尔雅台答问》则是随机对治、随缘应答的语录书信选集，体现出马一浮圆融无碍的思想境界和严谨深入的治学风格。相对于《讲录》的系统性和条理性，《答问》则能够在对求学人的活泼点拨中，更充分自如地体现出马一浮的思想取向。在六经上，他并不囿于今古文的门户之见，认为如果从心性义理这一六艺的源头来考察六经，则今古文的纷争自然就不存在了。在儒学和理学的立场上，他并不特别强调程朱陆王的异同，而是以性德为本，融摄诸家，取精用宏，但他同时强调这种"融通"并非"笼统"。在治学上，他反对现代人向外驰求而不反求诸己的病痛，指出在体究圣贤言语过程中，学者应该鞭辟就里，切己体察自心所本来具备的义理和道理，从而变化气质，成己成物。《答问》可以说是针对现代社会人们各种病痛的一服清凉剂，可惜马一浮认为即使是书院学人也难以接受这种针砭钳锤，这也是衰世之中的无可奈何之事。

文 化 种 子

复性书院从筹备到建立，再到运作，这个过程其实并不顺利。其中的主要原因，就在于马一浮欲将书院办成社会性的学术组织，自由讨论学术、体究心性、陶成德性，而当局则意欲将书院转化为官办教育机构，压制讲学自由。两者的矛盾充分表现在书院的资金运作、教学模式、教学内容等各方面。更令马一浮气闷的是，即使是董事会委员、书院同仁、书院讲座，也绝少能理解和支持他的这个立场和愿力。因此，书院刚开始运作，马一浮就与另两位书院重要创议者熊十力、贺昌群发生了冲突。

熊十力在书院刚成立时，便觉得资金缺乏，学生太少，认为应该多收学生，给学生丰富的膏火津贴，为学生准备文凭、预谋出路，要马一浮学习蔡元培主持北大的经验，多请名师、多设科目、多习科学和西方哲学，并要将书院逐渐改革转化为"国立文哲学院"或"文科研究院"。他批评马一浮一味偏重向内、见性复性，是"狭隘"的做法，最终会遗弃事物、无补世用。贺昌群对马一浮的立场也有意见，而且还未等到书院筹备完毕，就已经有厌倦之意。他大体赞同熊十力的意见，认为书院学生应多习"用世之术"。对于熊、贺二人的意见和做法，马一浮不以为然，他本于自己一贯的立场，批评熊十力"世情太深"，并反复表明书院是"谋道不谋食"的地方，如果书院要为学生谋求学位与出路，则无异谋食谋利，从而遮蔽学生谋道反己之心，最终令学生无所成就。因此学生应该一开始便断绝世俗的思虑计较，去除习气，见性复性，从而先立得一个大体，立定大体后，将来出来涉世就能有以自立，而不为环境所转变。如果将心思偏向功业一边，向外驰骛，则必将遮蔽性德本体，最终不能发为充实无妄的大用。马一浮曾向刘百闵表明他的立场说："逸翁（指熊十力）、藏云（指贺昌群）以浮所言者皆为腐谈，锐欲更张，必使书院为现代化。（原注：幸二君尚未高谈未来化，浮已望尘莫及矣。）诚愧迂陋，未能尽从。如其言而当，则自濂洛上推邹鲁，皆腐谈也。浮分当杜口，不复言学。浮视语默一也，卷而怀之，亦无加损。"看来，马一浮与熊十力、贺昌群在书院办学目的上的矛盾已经没有周旋的余地。后来贺昌群决意离开书院。熊十力更听信流言，以为马一浮在他讲学期间，通过言语诋毁的方式让贺昌群不得不离开书院，好令自己完全当上书院主人，于是也决定离开书院。对此马一浮相当痛惜，他没有再挽留熊先生，只是对他说："今兄虽见恶绝，弟却未改其初心也。"

平情而论，我们对于熊、马二先生在复性书院的这段不愉快经历，实际上是很难作出孰是孰非的评价的。钱穆和熊门弟子牟宗三对此都有过分析。牟先生认为熊先生是狂者型的人格，马先生则是狷者型的人格，所以"当二者不相干时，可以互相欣赏，是好朋友，但到一起处事时，便不一定合得来"。而钱穆则认为熊、马二先生在杭州西湖时论学甚为相契，是因为两人那时都感到孤独寂寞，因此"所语无不合"。而到了一起筹备经营书院时，相从讲学者众多，热闹异常，于是两人各抒己见，最终导致"所同不胜其异"。钱先生还感慨地指出，"因念古人书院讲学，惟东林最为特殊，群龙无首，济济一堂。有其异，而益显其所同。惜乎一浮、十力未能达此境界也"。另外，从实际情况而言，熊先生对于马先生也略有些不大同情：容易使性子，因此并没注意到书院资金缺乏、诸事未备等实际情况，而作出不太实际的规划。不过，上述都是表面的分析。从根本上说，两位国学大师的这段经历和矛盾，其实是思想立场的差异所造成的。从体用观的角度来说，马一浮与熊十力都能够体会到"体用不二""从体起用""摄用归体"的道理。但马一浮特别重视"摄用归体"的向度，认为学者的首要任务就是体究本体，反求诸己，见性复性，所以他并不特别重视现实社会的各种具体问题，对于学习科学和西方哲学也较为冷漠。相对之下，熊十力则认为学者当然要摄用归体，见性复性，但这还是不够的，在这个基础上，学者应该重视"从体起用"的向度，发挥自己的智性和创造性，努力参与并融入现代社会的各种问题中去，积极学习科学与西方哲学，然后在现代社会的情景中让本心实体得到曲折但充分的体现。两先生关于书院事务的矛盾其实是因两人思想立场的差异所造成的。

除了书院同仁难以理解马一浮的立场之外，官方和教育部也从各方面干涉书院事务，企图将书院变为官办。首先，官方无视马一浮的意见，由教育部和行政院长委派基金保管委员和书院董事长，并请国民政府主席林森参加开讲仪式，还视马一浮为政府公务人员，要求他为孔祥熙、何应钦等政府要员写寿序。马一浮以书院逼仄、敌情难测为理由婉拒了林森参加开讲式的要求，同时以"方今强寇未除，抗战未毕，正上下忧勤惕厉之时，似未暇从容歌颂"等说法严词拒绝为孔、何写寿序的要求。

面对马一浮这种"硬骨头"，政府决定在书院的经费和教学内容上治一治他。在经费上，政府在开讲后半年就不给补助费了，并且在手续上视书院为隶属机关，毫无"宾礼"的意味。后来书院虽然得到了社会、教育部和四川省的一些补助，但由于物价飞涨、基金利息有限等原因，仍然入不敷出。更令马一浮备感困扰的是，有关部门还通过不同途径来审查书院的讲学内容。蒋介石侍从室和"蓝衣社"等人员先后派人混入书院，以"院外参学人"的名义来听讲。马一浮对此毫不在意，坦然任之，后来有些人在听讲后受到了熏陶教育，于是良心发现，向马一浮说出了来意，真心求学。另外，当局还要求复性书院呈上教职员工的履历，并要求书院将教材送教育部审核，马一浮愤然写信给陈立夫，谴责他言而无信，并提出要"撤去皋比（即虎皮，古人坐皋比讲学，因此往往以皋比代指讲席）""别延名德主持讲事"。政府面对马一浮刚直不屈的气概，明显有些做贼心虚，于是陈立夫不得不专程到乐山拜谒马一浮，并说教育部的公文是误发。这样，马一浮才答应续讲半年。

正因为同仁离去、政府干涉、资金无着，加之书院学生"泛泛寻求者多，真实体究者尚少"，未能收到自悟见性、

100

去习复性的效果，马一浮于是在1941年5月正式停止讲学，并遣散了大部分学生。面对书院困境，权衡实际情况，他决定复性书院今后的主要任务，是刊刻古代圣贤的典籍。他撇开政府和教育部，不为五斗米折腰，不吃嗟来之食，以"鬻字刻书"的方式筹集经费，他自己还撰写了名为《神助篇》的长诗以自我勉励。而马一浮的友朋、弟子也自愿捐助和劝募刻资。从1942年3月起，马一浮以自己的积蓄以及所筹集到的资金共数万元，全部充作刻书的基金，自任总纂，发愿刊刻先儒典籍，流布人间。

马一浮曾规划书院刊刻"群经统类""儒林典要""文苑菁英""政典先河"和"诸子会归"等丛书。但由于资金缺乏等原因，最终只刊刻了"儒林典要"和"群经统类"两大项目中的数十种重要典籍。"儒林典要"已经刊刻的书籍有：宋谢良佐《上蔡语录》，宋李侗《延平答问》，宋胡宏《知言》，宋刘荀《明本释》，宋刘子翚《圣传论》，宋刘敞《公是弟子记》，宋朱熹《朱子读书法》，宋杨简《先圣大训》《慈湖家记》，明曹端《太极图说述解》《通书述解》和《西铭述解》，明罗汝芳《盱坛直诠》，清李光地《正蒙注》等。"群经统类"则先后刊刻有：宋胡安国《春秋胡氏传》，宋吕祖谦《周易系辞精义》，宋苏辙《苏氏诗集传》，宋赵顺孙《四书纂疏》，明严粲《诗辑》，元黄泽《易学滥觞》，元赵方《春秋师说》，宋袁燮《毛诗经筵讲义》等。两种丛书所刊刻的数目共有 26 种 38 册，在社会正式发行，广泛流布。

从马一浮所刊刻的书目来看，我们也可以窥见马氏学术思想的整体取向及其学术渊源。正如马镜泉先生所说，"儒林典要"与"群经统类"是相辅相成的，前者是宋明儒的语录，后者则是宋明儒的经学著作。在《儒林典要序》一文中，马一浮辨析了宋代儒学与佛学、禅宗的关系，认为儒、佛、禅、道等名字都不是最重要的，最重要的是儒学、佛学、禅宗等都是以性德为本，性德是六艺的基础，因此儒、佛、禅都可以被六艺圆教所统摄，只不过儒家（**特别是宋代儒学**）较之佛学、禅宗，对于性德的体认和展示更为圆融完备而已。因此他说："夫不明乎道，何名为儒。苟曰知性，何恶于禅。儒与禅皆从人名之，性道其实证也。六艺皆所以明性道，舍性道而言六艺，则其为六艺者，非孔子之道也。性者人所同具，何藉于二氏。二氏之言而有合者，不可得而异也；其不合者，不可得而同也。"可以说，马一浮采取的是一种以性德为基础的儒佛会通、以儒为主的立场。另外，正因为以性德为基础，所以马一浮在宋明理学内部并不特别强调程朱和陆王的区别。马氏论学虽然以程朱为主，但他同时肯定陆王一派能够发明心性、直指性德，与禅宗自悟见性、直指人心的方法和境界相差不多，而且能够纠正程朱末流执滞言语、拘泥文字的毛病，所以马一浮特别刊刻了陆王一派学者如杨简、罗汝芳等人的著作。总言之，我们从马一浮所刊刻的书目中可以看出他的圆融广阔的思想立场和学术风格。

为什么马一浮要不遗余力地刊刻先儒典籍？他曾对学生说，根据书院的实际情况，书院所应该发挥的最好贡献就是"寓讲习于刻书"，因为先儒经籍极可能在战火中被摧残无几，加上一些关于心性义理的书籍传本稀少，如果不加以抢救并广泛流布，就容易有佚失的危险。同时，先儒经籍关系到世道人心、文化命脉，具有无可替代的作用，所以马一浮发大誓愿，他要"仰依千圣力，流出大悲心"，为传统的延续、文化的传播锲而不舍，积小至大。他认为"多刻一板，多印一书，即使天壤间多留此一粒种子"。他想效法明代高僧真可和近代居士杨文会，因为两位佛教人士都能发愿校刻佛家《大藏经》并广为流播，影响深远。现在看来，马一浮在物力凋敝、资金不足、战乱艰困的环境下能够刊刻近三十种儒家典籍，已经是难能可贵了。虽然复性书院在刊刻古籍方面的影响力和流传面难以和杨文会、欧阳竟无的金陵刻经处相比，但其用心却足以令人佩仰。

第 4 章

晚年心境　一代儒宗

西 湖 烟 柳

1945 年，是关系到每个国人的重要的一年。在这一年，马一浮还与当时故宫博物院达成协议，从 7 月起派人到保存故宫文物的所在地乐山安谷乡抄写文渊阁四库全书，以刊刻有关心性义理的古籍善本。可惜因为后来抗战结束，各个机构忙于恢复工作，这个计划最后中辍。

1945 年 8 月，日本投降，抗战结束。本来这是举国振奋的大事，但马一浮仍带着深深的忧患。他通过诗句表达出他的忧患所在，诸如"山寇终能灭，心兵苦未降""战罢疑婚媾，陈师尚曲防""初闻解甲复耕桑，板荡声中梦富强""鸥鹭前汀闲伫立，劳人应悔狎风波"等等，都透露出马一浮的心声。他认为战争的根源在于习气增上，性德埋没，所谓"梦富强""狎风波"等其实都是习气缠绕所导致的虚妄心态和行为。现在战争结束了，但是如果国人没有认识根源、回归性德的话，那么类似的问题还会继续。更令他担忧的是，抗战刚结束，内战的苗头就已经萌发。他以"久应膏泽安农亩，岂假干戈致太平""厨俊虚声传党锢，汉唐余烈助流离"等诗句体现出他的焦灼感受。他还在《观云》一诗中自注道："方告休兵，又闻构衅。虽在山泽，岂免呻吟？音由心生，颇伤瞧杀。未若溪上观云，任运起灭而无所容心。乃知遗物之难也。"

1946年，国民政府还都南京。马一浮也终于能够离开四川，回到他生活多年的杭州。他于春季乘船离开乐山到重庆，有诗留别谢无量："辞君一棹下渝州，未见江南已白头。二月春风吹锦水，岸花樯燕送行舟。"谢无量则和诗云："闻携书卷下杭州，二月春风百草头。我亦江南未归客，云中空望李膺舟。"其后，马一浮乘坐军事委员会的包机从重庆飞回上海，再从上海乘火车返杭。据陪同马一浮至重庆机场的虞逸夫先生回忆，马一浮在机场等候飞机起飞时，严肃端坐候机楼，手持筑竹，对过往人流视若无睹。当时陈果夫、陈立夫兄弟闻讯来到，与马一浮只是恭敬鞠躬而已，并不敢作寻常寒暄语。马一浮见二陈来，也不起座，二陈则默侍左右，直至将马一浮送上飞机，这期间马一浮与他们始终未谈一言。

马一浮回到杭州，复性书院也跟随他从四川迁至杭州。在复性书院后期，钟泰帮马一浮出了不少力。钟泰（1888~1979），南京人，号钟山，早年留学日本，回国后任教于两江师范学堂等院校。钟泰著有《中国哲学史》《庄子发微》等书，其治学风格融会贯通，自成一格。马、钟二人在论学上较为相得，而且钟泰对义理之学也相当用心，所以复性书院刚建立，马一浮即多次郑重邀请钟泰任书院讲座，他向钟泰说明自己的心声："弟精力有限，不能不求助于友朋。然实苦相知者少，或鄙其固陋，或嗤其迂阔，或别作主张，欲根本不谈经术，以为不合时代，实有道孤之叹。此其所以仰望于兄者独至也。"钟泰最终于1944年到乐山任书院讲座，并帮助马一浮主持院务、刊刻古籍。1946年年初，钟泰先于马一浮到杭州，为复性书院东迁觅地，并最终确定租借葛荫山庄为书院新址。马一浮回杭后，便很快迁入葛荫山庄工作，继续鬻字刻书。他在书院东迁后屡辞主讲、总纂，但都被董事会挽留。东迁后的复性书院改为院长制，由周钟岳任院长，沈敬仲任副院长。此后，由于物力艰困、币值下跌、经费缺少等原因，书院连刻书工作也难以维持下去，加之时人并不以心性义理为重要，不珍重先儒经籍，书院作为讲习和刻书的场所已经失去意义，所以马一浮提出废置书院的设想。1949年4月，马一浮提出将书院改组为儒林图书馆，继续刻书并付印流通，亦向社会开放，在书院未改为图书馆之前，仍以复性书院名义开展工作。儒林图书馆由邵力子任馆长，寿毅成任副馆长。最后儒林图书馆在1950年改设为智林图书馆，用这个名义来保存和流通书院以前所刊刻的书籍，经济上多由马一浮的学生蒋国榜襄助。后来"文化大革命"开始，书籍的板片和藏书均被毁。复性书院、智林图书馆最终烟消云散。

复性书院寄托了马一浮一生的志业。他希望通过讲习和刻书两大事业，弘扬六艺之教，阐发心性之学，在习气深重、意义迷失、纷争频繁的时代展示出一个源头活水，从而让人们去习复性，安顿人生，造就和平。不过，由于筹措不稳、时人不喻、经营不善、资金不够等原因，复性书院最终在风雨飘摇、磕磕碰碰和备受争议中落幕，远达不到马一浮预期的效果。不过，这并不妨碍复性书院给予我们重要的启示。

首先，复性书院在现代社会和现代大学强调社会分工、强调科学实证、无视心性义理、无视修养实践的情景下，毅然建立儒家书院，保存先儒风规，讲明心性义理，重视修养实践，弘扬六艺，以弘仁为己任，自我陶成，自我成就，这本身就是现代学术史、教育史上的一个"异数"。它在现代社会宣告了延续和发展传统的义理之学和心性之学的必要性和可能性。书院建立前后，许多求学者慕名而来，愿受熏陶，就是证明。书院的同人和职员也被马一浮的用心和书院的愿力所感动，例如有一位职员将自己所有积蓄奉献在书院的营建上，而在后来书院廪粟不继的情况下，三五学生还无怨无悔，依随书院度过艰难的日子，他们明显是觉得暗然自修、体究心性、接受熏陶是最为充实的事。另外，马一浮的学风德行和春风化雨的人格魅力，以及复性书院所提出的穷理尽性、反求诸己、体究性德、不求多闻、匡救时弊等学术宗旨，也影响广远。夏承焘曾说："浮翁当日尸居渊默，今日则震山破壁，穷乡僻壤，亦受其熏陶矣。"就连平时甚少赞扬别人的经史学家林损（**字公铎**）也十分佩慕马一浮的为人和做法，他受到复性书院的影响，晚年欲在其家乡浙江瑞安建立一个"翼性书院"。总之，书院的确起到了在现代社会的背景中救正时弊、延续传统、感化人心的作用。

其次，在当今社会价值、意义、信仰都严重缺失的情景下，复性书院的具体宗旨、方向、规划和实践值得借鉴、继承和发展，并且可以为未来的儒学实践提供借鉴。例如马一浮在《书院缘起》中所指出的复性去习、讲明六艺的宗旨和方向，尤其值得后人效法。他将这个宗旨和方向看成是比筹备建立书院更重要的事，因为这可以给后人作出楷模。他说："鄙意书院即不必实现，此缘起书却极有关系文字，可留以示后人。"而马一浮主讲书院过程中所留下的讲录和文字，则有助于引导后人进一步反本开新，探明儒家六艺之教的思想含义，落实六艺之教的实践意义，成就和谐充盈的生活。

最后，复性书院以失败和废置告终，也给后人许多反思和教训。书院在战乱中仓促、艰难地建立起来，愿力可嘉，但是作为书院主导者的马一浮并没有完全做到未雨绸缪。例如在书院宗旨上，他与诸位创议人以及政府并没有形成基本共识就贸然筹备和运作书院事务，最后必定在各方面都会与俗乖忤；又如在书院基金上，马一浮虽然明确主张书院基金不能以政府拨款的名义落实下来，而需要社会捐助，但他并没有考虑清楚社会捐助的具体渠道，也没有保证和落实书院资金来源的可靠性和稳定性。书院失败的另一个原因是马一浮太相信自己个人的力量，而缺乏团体合作的精神、耐力和经验。他以为仅仅依靠鬻字就能够完成其刻书事业，以为仅仅依靠个人魅力和学术主张，就能够作天下倡导，令天下归心。事实上，现代社会分工越来越细密，对专业性人才的要求也越来越高，马一浮作为"通人"，固然可以圆融无碍地把握书院的基础和方向，但是在具体的操作事务上则不得不倚重于各种专业人才，并与之开展合理和长期的合作，书院的事务才能有所成就。实际上书院并不能完全"与世绝缘"，书院与现代社会始终保持着一种互动关系，良性的互动可以彼此滋润滋养。

回到杭州后的马一浮，除了收拾复性书院的残局外，就是逐渐回到以前的隐居状态。作为一位醇儒，他深谙《周易》所说的"天地变化草木蕃，天地闭贤人隐"的道理，认为自己所处的是天地隔闭的衰乱之世，因此在主讲复性书院期间，他就已经有"所望战祸早平，得还乡里，闭门杜口，以毕余年"的愿望。1948年，马一浮入住汤家为他在西湖边营造的一栋小别墅，他将别墅取名为"玄亭"。"玄"是无言、无心、无名之意，表明这屋子"非吾有也"。1949年秋冬之际，也就是共产党建立新中国、国民党败退台湾的时候，马一浮经过辗转曲折，决定在其学生蒋国榜的别墅蒋庄寄居下来。1950年6月，马一浮正式从玄亭迁至蒋庄，并借用蒋庄的一些房舍安放书籍、板片，为将来智林图书馆的开放作准备。

马一浮的老友熊十力对于智林图书馆很是支持。两位先生虽然闹过别扭，但是君子之交，和而不同，两人虽然在思想取向和书院运作上有过严重分歧，但却不妨碍他们在其他方面声气相通。1947年，两先生恢复联系。1950年至1951年，熊十力不断写信给毛泽东、董必武、郭沫若等人，提出应该设立中国哲学研究所，由熊十力自己主持，以此培养研究生，深研国学和哲学。他还指出要恢复三个私立讲学机构：一个是欧阳竟无居士创办的南京内学院，邀请欧阳居士的大弟子吕澄主持学院，继续深入研究佛学。因为"内学院为最有历史性及成绩卓著之佛学机关，如其废坠，未免可惜"。一个是梁漱溟创办的勉仁书院，他指出"漱溟本非事功才，以讲学为佳，愚意拟请政府准予资助其恢复勉院，规模不必大，使其培养旧学种子可也"。另一个则是马一浮所主持的智林图书馆。熊十力说："一浮究玄义之殊趣，综玄理之要会，其学行久为世所共仰。抗日时，曾在川主持复性书院，不许某党干涉教学，而院费卒无着，当世知其事者不少，尚可查询。一浮以私人募资，选刻古书，皆有精义卓裁，于学术界大有贡献，后改立智林图书馆，绝无经费。清季以来，各书局翻印古籍，甚多错误，保存木刻，不失古代遗法，似亦切要，拟请政务院函杭州省府、市府酌予资助其刻书事业，并得聚讲友及生徒数名，存旧学一线之延。一浮之友叶左文先生，博文约礼之醇儒也，同居讲学，实为嘉会。"熊十力的介绍可谓扼要中肯。

对熊十力的上述意见，毛泽东批示说："四月九日长函读悉，谨致谢意。"可见毛泽东对熊十力的意见并没有确定的意见和评价。不过，此后不久，政务院设立了"政务院文史研究馆"，尊贤养老，对社会名流和文史方面的耆宿大家进行统战和团结。在地方上，各省也设立了省级的文史馆。1953年，浙江省成立了浙江文史馆，并聘请马一浮任首任馆长，据说这与熊十力向毛、董诸公的上书陈情不无关系。不过实际上，政府并没有完全对熊十力的要求作出正面积极的回应，也没有对马一浮的智林图书馆给予过支持帮助。不过，与熊十力的忧虑期盼相比，马一浮则显得比较淡然。

1954年，马一浮还被邀请为政协全国委员会特邀委员，翌年被聘为浙江省文物管理委员会顾问。当时政协委员的工资为280元，因此他在生活上有所安顿，较为充裕。马一浮是知恩图报的人，他常常用工资照应往时接济过他的汤家。

除邀请马一浮任公职外，国家领导人如毛泽东、周恩来、陈毅等都对马一浮有所关怀照顾。他多次应邀到北京参加会议，与毛泽东见面数次。1964年的政协会议，毛泽东邀请马一浮、熊十力等老先生座谈，后来更特与马一浮谈论古代诗歌。在中共领导人中，马一浮较欣赏毛泽东和陈毅的诗词，他曾经对人说过两人的诗词是"不假修饰""出于天才"。会议后，毛泽东在中南海怀仁堂举行了一个耆老会，宴请马一浮等人。在周恩来的引见下，毛泽东首先与马一浮握手，并连说道："久仰大名！久仰大名！"在宴会上，毛泽东坐主人席，马一浮坐主宾席，旁边是周恩来、陈毅和粟裕等人。宴会甚为融洽，毛泽东叫较年轻的粟裕来摆碗筷。对于毛泽东等人的关怀礼待，马一浮曾给毛泽东和周恩来写过几副对联，现录出如下。

使有菽粟如水火

能以天下为一家

（毛主席莞正。野老马蠲叟赠言。）

旋乾转坤，与民更始

开物成务，示我周行

（集《易》《诗》《汉书》《宋史》句，赠毛泽东。）

大海有真能容之量

明月以不常满为心

选贤与能，讲信修睦

体国经野，辅世长民

（集《周礼》《孟子》《礼记》句，周总理鉴正，马蠲叟赠言。）

我们知道，当时举国上下都弥漫着狂热的气氛，而在文化上则延续和深化新文化运动所带来的反传统思想，将儒学批判成封建思想。马一浮却用儒家名言寄赠毛泽东、周恩来，有识者不难见到其中实有深意在焉。

周恩来对马一浮也很敬重。早在马一浮筹备复性书院的时候，周恩来听说马氏向国民政府提出办书院的三个条件后甚为感佩，说他是有骨气的"粹然儒者"。新中国成立后，周恩来与马一浮多了很多接触的机会。1957年，苏联要人伏罗希洛夫访华，周恩来陪同其到杭州参访。一行人游览西湖，道经花港观鱼。周恩来知道马一浮就住在附近的蒋庄里面，特来拜访。周恩来向伏罗希洛夫介绍马一浮，说这就是"我国当代理学大师"。伏氏见到马先生长髯飘逸，惊羡赞叹。他问马一浮："你在研究什么？"回答是："读书。"他又问："你现在做什么？"回答是："读书。"交谈完后，大家在真赏楼下合影留念。在相片中，马一浮站立在中间，身材虽然矮小，但充满着威严的"气场"。他的左边站着伏罗希洛夫，右边站着周恩来。

周恩来对于马一浮的关怀可谓无微不至。"大跃进"期间，全国大炼钢铁，杭州也建了钢铁厂，厂址在半山镇马铃山。根据规划，要将马铃山的小山头削平。凑巧的是马一浮的祖坟和他自己的寿地就在山上，他心急如焚，并向省政协反映。这件事后来汇报到周恩来那里，他立即打电话给浙江省领导说："马老的先茔与他自营的生圹一定要保护。已砍了的坟头上的树要设法补种回来。"后来钢铁厂按照周恩来的指示，建设成为"中间是马氏墓地，两边是焦化分厂"的布局。1963 年，正是中国财政困难时期，周恩来对马一浮仍十分关怀。在马一浮八十寿辰之际，周恩来通过政府表彰马一浮在保存和发扬中华传统文化上的贡献，特别补贴马先生一万元人民币，作为他的刻书基金和颐养天年之用。为表感谢，马一浮特地将他历来所写的书法精品 357 件（册）全部献给国家，并将珍藏的宋代山水画一幅赠给政府。

除了毛泽东、周恩来外，陈毅与马一浮的交往更值得称道，陈毅还留下了"马门立雨"的美谈。陈毅是谢无量原配夫人的亲侄子，他想向谢无量学旧体诗词，谢无量则介绍陈毅向马一浮学，并嘱咐他如果要拜访马一浮，"须以师礼事之"。陈毅因此又向著名书法家、诗人沈尹默打听，沈氏说："其人其学，纯正博大。近世学者，实罕其匹。泰山北斗，可敬可佩。"于是便有了陈毅拜师的故事。1950 年，上海市市长的陈毅据说是身穿长褂，与浙江省一位领导同行至蒋庄。马氏家人并不知道是陈毅来访，于是率直相告说："先生因今天上午书件积案，一挥而罄，微感劳累，正在休息，请客稍待，当去知会。"陈毅摆一摆手，说不必惊动马先生，待会再来。陈毅于是在附近的花港公园游了一圈，当他再次来到蒋庄时，马先生仍未睡醒。当时下起了毛毛细雨，马先生家人请客进屋，陈毅说道："未得主诺，不便遽入。"于是便于屋檐下伫候多时。陈毅见到马一浮后，两人纵谈古今，大有相见恨晚之意。此后，马一浮与陈毅一直保持联系，并常有诗词唱和。陈毅能够对马一浮写给他的一首诗背诵如流，并曾公开默写出来。诗云：

> 不恨过从简，恒邀礼数宽。
>
> 林栖便鸟养，舆诵验民欢。
>
> 皂帽容高卧，缁衣比授餐。
>
> 能成天下务，岂独一枝安？

诗中的"鸟养"，典出《庄子》。意谓善养鸟的人应该顺着鸟儿的性情，让鸟儿自己栖养在深林中，比喻陈毅能够理解他老人家隐居林下的性情和心志。"皂帽"也是这个意思，典出《三国志·管宁传》。管宁学行皆高，避乱辽东，"常着皂帽，布襦袴"，拒绝征聘，甘守清贫。因此，陈毅对于马一浮，并没有力劝其多参加政治和文化事务，而只是通过适当的机会招游、宴请、关照，以尽政府尊贤养老之敬意而已。1956 年，马一浮等人到广州从化休养，遇到陈毅在广州岭南温泉休息，两人重逢畅叙，马有诗记道："我来从化挹飞泉，忽遇陈蕃溪树边。"《陈毅年谱》记道："12 月中旬，在从化温泉与马一浮、邵力子、傅学文等相遇，彻夜长谈。次日，又与他们一起参观良口流溪河水坝工程，并作

《千秋岁·再游浪口》词一首。"陈毅还向马一浮出示宋拓定武《兰亭序》，马一浮为之题诗一首。陈毅不愧是一位儒将，他能文能武，在新中国成立后与马一浮、陈寅恪等著名学者都建立了深厚的私人关系，这是相当难得的因缘。

政府和毛、周、陈等领导人的敬老尊贤令马一浮得以颐养天年。颐养天年的马一浮不事著述，而将主要时间放在作诗写字上。他与沈尹默、龙榆生、陈樱宁、蒋国榜等人多有诗词唱和。而与谢无量之间的往来酬唱，则是他晚年最感愉快的事。马一浮说："始予与啬庵（啬庵为谢无量的号）相识，年俱未冠，以言诗相得，及乎者艾，更历世变多，其所涉益广，所感益深。当其羁旅行役，忧患疾病，触事遇缘，未尝不以诗相往复，咸自其胸襟流出，无一字之不苟。""予于啬庵，虽未敢谓同得同证，然予之知啬庵，犹啬庵之知我，殆可谓无间然。"谢无量可以说是马一浮一生中最莫逆于心的挚友，马之于谢也是如此。谢无量在抗战中避难的时候，都会带着马一浮书札文字一箱随身，其珍惜之意显而易见。马一浮每过生日，多有诗赠友人。1950年他有《襫日罢饮有作寄谢存问诸贤》（马一浮称自己的生日为"襫日"。"楔日"指三月上巳日，古人在这个时候临水祓除不祥。他的生日与楔日相近，而且他认为自己孤零漂泊，是个不祥之人）一诗，诗云：

今时不住昔时非，水逝云生客未归。

结习都忘诗渐少，悲心犹在愿终违。

长疑药病经年误，又见风花一片飞。

百界千如君莫问，空余白发对清晖。

诗中透露出马一浮隐居西湖的孤清寂寞的心境，以及化民成俗、振民育德的心愿未能完成所带来的怅惘与落寞。谢无量读毕此诗，即酬和云：

浮游长世檐忘归，日月环行总不违。

大德砚时宜寿考，圣湖终古拥烟霏。

枯桑浅海龙吟细，绝浦横云雁影微。

极目天南惟一老，至人无相是耶非。

谢诗中思念远方故旧之情深微婉转，读之令人恻然意动。同时，谢无量在诗中对马一浮的悲心愿力与学问事业略带有肯定、慰劝、宽拓之意，其中颇有孔子"四时行，百物生，天何言哉"的意味。最后，诗中还透露出对友人的深情。马、谢的诗都写得清丽自然，而所感深微。马一浮说过他与谢无量的诗是同感同声、两镜交光的"微言"，洵不虚耳。

谢无量有弟名谢善，字希安。谢希安在年轻时突然到云南剃度为僧，法名万慧。万慧后来游历印缅，潜心佛学，成为一代高僧。马一浮、谢无量在抗战时期曾经计划让当时在缅甸仰光的万慧法师回国，但最终没有成功。1959年，马一浮还写信邀请他回杭州任浙江文史馆馆员，可是他读到此信四天后就含笑圆寂，世寿七十一。当时陈毅恰好在缅甸访问，他具知此事后，即与缅甸方面决定合建"震旦爱国高僧万慧大师舍利塔"，马一浮为之作铭，其中有"名言差别，见有粗妙。一性无殊，平等智照""善说般若，不住涅槃。身虽入灭，乘愿终还"之语。谢无量听到其弟圆寂的消息，心恸难言，日见困惫。1960年4月，马一浮来京探视病中的谢无量，并亲自为他诊病。马一浮早年曾对中医学下过苦功，并且与王邈达等名中医多有交往。马氏断定谢无量是诸风棹眩，皆属于肝，似宜滋水涵木，则风自息，拟用叶天士方备采择。马一浮于是为之开方十一味，5日复增改前方。谢无量服数剂后，病渐愈。谢由是口占五律赠马一浮云：

言外得玄宗，春前热恼攻。

三年欣一见，半剂息诸风。

摩诘情难对，曹瞒病许同。

莫烦诸友问，谈笑已融融。

马一浮随即相和一首，并以此赠别。诗云：

未始出吾宗，何忧百病攻。

忘言方示疾，在定本无风。

幻药除应尽，真游晚许同。

回车吟赠句，肘柳意初融。

马、谢二人在诗词酬唱中往往相互交流一些对于天地人生的本源问题的思考，即便对于"生病"问题，他们也能说出一个道理来。马一浮在和诗中引用了维摩诘（意译净名）居士为了向诸位佛弟子和菩萨演说佛法而故意称病的故事，揭示出疾病本来虚幻、性德炳然常住的道理。1961 年，马一浮给谢写信，附有《寄怀啬庵》一诗云：

净名一室有余清，往岁深谈慰别情。

世相每依风力转，道心不见海沤生。

神游把臂思玄圃，林卧披云望碧城。

何日西湖杨柳岸，扁舟共醉听流莺。

谢无量顾不上头痛，和诗云：

捧得瑶函宇宙清，满怀别恨若为情。

最怜沧海经年梦，又见春风百草生。

震地新诗如破竹，弥天秀句似连城。

何时同泛西湖上，翠柳回塘乱啭莺。

两位老先生的诗，字里行间仍然透露出倾慕之情和离愁别恨。这是两人最后的诗词酬唱。当时身在京城的谢无量脑部受病，神志已经不太清晰；而住在西湖边的马一浮则视力衰退，步履维艰。1964 年底，谢无量逝世，享年八十一岁。马一浮有《啬庵迁化志感》一诗云：

冥智遗身得返真，郢人从此绝风斤。

日中视影犹羁我，雪夜回舟一梦君。

入理深谈唯自肯，拈花微笑更无邻。

平生庄惠成空负，槁卧穷湖独怆神。

惠施与庄子是一对相互切磋思想的好友，惠施死后，庄子伤心不已，以为天下更无人可以谈论学问。谢、马两先生乃是"平生庄惠互相期，悬解微言独子知"。如今两人之中失去一人，马一浮自认为他的"悬解微言"在当世更无人识得，自是怆然神伤。谢无量逝世不久，马便到北京吊唁，他很关心谢无量诗集的整理一事，并情真意切地向谢夫人叮嘱应将二老酬唱诗词抄录成册，以垂后世。1966 年，年迈不便的马一浮还向学生王星贤写信询问谢无量集出版的事。此后没多久，马一浮也乘化而游，回归道山了。

确 乎 不 拔

马一浮晚年受到政府的礼敬和尊重，他对此是感激的。同时，他因为很早就接触过社会主义思想和革命思潮，对中国共产主义运动和社会主义建设并不陌生。他赞成中国共产党结束分裂、建设社会主义新社会、对抗帝国主义的主张。1964 年，中国第一颗原子弹试验成功，打击了美帝国主义的气焰，马一浮相当高兴，连写三诗祝贺。他又认为共产主义与古代儒家的理想有相合之处。他在1958年写给沈尹默的信中说："窃谓马列之最终目的，在国家消亡论。其言甚美，《礼运》无以过之。儒者所祈向，在使万物各得其所，其致一也。果使共产主义社会实现，则齐变至鲁，鲁变至道，儒术亦何所用之？"其实熊十力也持有与马一浮相近的看法，他在20世纪50年代写成《原儒》一书，对此作过广泛的发挥。

不过，马一浮毕竟是一位儒者，他不可能完全变为社会主义者和共产主义者。他有自己的思考，而且在晚年保持着他独立不惧的精神和思考。他对当时的各种社会政治运动都有着自己的观察和判断，绝不盲从。他关心社会、政治，但更关心文化事业，关心儒学的命运，关心心性义理的问题，这是相当难能可贵的。其实，在新中国成立后，现代新儒学的"三圣"都保持着这种独立不惧的风格。1956年，政法学家杨玉清在全国政协关于知识分子的会议上讲话，他说："今天说的知识分子，即古之所谓士。《说文》上说：'推十合一之谓士。'这就是说，能把复杂的事物简单化，得出定理，得出公式，就是'士'。孟子说：'无恒产而有恒心，惟士为能。'这就是说，只有士才能在困厄中坚守节义，怡然自得。前者所指的是知识，后者所指的是德行。过去曾经有人说：'可惜今天称得上士的人，只有马一浮、梁漱溟、熊十力两三人而已。'梁先生今天在座，马先生也由杭州到北京来了，只有熊先生还在上海。"后来熊先生也被聘请为全国政协委员。杨氏的这番话是相当中肯的，熊、马、梁三先生在新中国成立后的表现确实体现出了"无恒产而有恒心""坚守节义，怡然自得"的士的精神，也达到了《周易》所说的"独立不惧，遁世无闷"的境界。他们亲身实证了传统儒学和传统文化在艰难困苦的环境下，仍然迸发出顽强的生命力。

熊十力先生晚年在精神上和生活上都是相当孤寂的，但是他并没有放弃他的一贯思想和主张。他在新中国成立后坚持他以前的"新唯识论"思想，并且敢于在这个基础上自我否定，不断作出思想上的艰苦尝试和推进。他在北京、上海安度晚年，但仍然发愤著书，撰写了《原儒》《体用论》《明心篇》《乾坤衍》《存斋随笔》等大部头著作，引申、修正和扩展他的儒佛观以及"体用不二"、"乾元性海"、健动生生等思想。在 20 世纪五六十年代的大背景下，熊先生犹能独立思考、著书不倦，是十分难得的事。据许多学者回忆，在他的起居室内，有三幅大字书写的君师帖。居中的帖从墙头一直贴到天花板，上书"孔子之位"。一居右，从墙头往下贴，上书"阳明先生"。一居左，也从墙头往下贴，上书

"船山先生"。这可见他晚年论学，仍然是以孔子为归宗，以"内圣"（阳明）、"外王"（船山）为旨趣。马一浮对熊十力晚年的事业基本上是同情和肯定的，他以诗代简，赠语熊十力谓"《原儒》定有膏肓药，争奈时人未肯看"。熊先生七十寿辰时马先生还寄上祝寿诗。诗云：

> 孤山萧寺忆谈玄，云卧林栖各暮年。
>
> 悬解终期千岁后，生朝常占一春先。
>
> 天机自发高文在，权教还依世谛传。
>
> 刹海风光应似旧，可能重泛圣湖船？

熊先生很喜欢这首诗，这不仅是因为此诗流畅清丽、寄托深情，还因为这首诗透露出两老在论学和思想上的惺惺相惜。因此，熊十力曾经给杨玉清详细解释了这首诗的意蕴，他用钢笔认真批注道："悬解见《庄子》。悬者，玄也。此谓《新论》。生老历正初。权教，佛家名词。权者，权宜应机。《新论》宗大易，不反科学，不反知。以佛家出世说衡之，则《新论》为权教也。世谛亦名为俗谛，亦佛学名词，凡世间所认为现实者，曰世谛。"两位老先生不同凡响的深厚友情，于此可见一斑。

马一浮在新中国成立后仍然保持独立的思考和人格。他写信给熊十力，表明自己是"确乎其不可拔"的。虽然他不能也不会像以前一样公开阐发他的六艺论，但他坚持将人性、心性作为根本性、基础性的问题来继续思考。他时刻关注着时代的大动向。他以儒者的立场，主张社会主义和共产主义运动应该本乎人性、人情之常理，应该顺应天道自然无为的道理。少一些折腾，多一些体悟，社会自然最终能够走向和谐。他说："今持国家消亡论者，若能深悟般若理趣，天下自可太平。"这种言论可以为今天"马克思主义与中国传统文化相结合""构建和谐社会"等问题提供有益的借鉴意义。他对极端而无根据的批判传统思潮不以为然，他护爱着中国传统文化，坚持以中国文化为本位，认为中国传统文化是从人性中自然流淌出来的，如果人性不亡，那么中国文化必有复兴的一日。他自信而坦然地对学生蒋国榜说："时人方恶古典文学，欲返之草昧，出辞鄙倍。中土自有种智（*此指古人从性德中流出来的智慧和文化*）流传，岂能遏绝，终不可令天下之人尽安下劣，他日必有文艺复兴之机。智者深观物变，无足诧叹。以来篇多愤慨之言，欲广其意，故涉笔及之。"当今社会在经历了长期的文化变革后，传统文化竟未丧失殆尽，国人对于传统文化也逐渐有了合理恰当的认识，传统文化的优秀思想还不断参与着当今全球化、多元化时代的各种事务，这是可以与马一浮的信念与识见遥相呼应的。

与熊十力的不甘孤独、勤苦著述和梁漱溟的积极参政、独立争辩不同，马一浮在晚年再也没有系统的著作或讲录问世，也没有积极参与社会政治事务。他力图韬声灭迹，以诗明志，荡涤心胸，适性忘年，体现出他独特的生活态度和处世方式。马氏晚年的诗词自然清新，意蕴深邃，寄托微婉，忧乐相融，有"吉凶与民同患"之悲心，亦有"纵浪大化中，不喜亦不惧"之豁达，其要旨则归于安住性海、返归性德。1965 年，马一浮有《襖日答诸友存问》一诗，可以体现出这种取向和风格。诗云：

> 大化终无极，吾生直寄焉。
>
> 长空追鸟印，泰古阅流泉。
>
> 日月仍相代，蚊蟊不过前。
>
> 报君如实语，适性自忘年。

乘 化 而 游

马一浮晚年最牵心的一件事，是要修葺好他的先人坟茔，自己将来也好永远依伴在父母旁边。马一浮有着深厚的孝意和孝心。这首先是因为他对心性问题的研究越深入，就越感受到孝悌是从性德中自然流淌出来的至真至实的道理，所以修建好马氏先茔是他平生的最大愿望。另外则与他的人生经历有关。他的家庭变故来得太早太惨烈，使他对亲情和家庭有着真切的珍惜之意。马一浮十一岁丧母，十九岁失去二姊和父亲，二十岁丧妻，到了中年又失去了与他相依为命的大姊，成为畸零之人，他感触良深地说："曾子曰：'年既者艾，虽欲弟，谁为弟。'每诵斯言，未尝不流涕。"因此，马一浮一直想将已故的家人合葬，以表风木之思。1923 年，他在杭县北面的皋亭山买得十多亩地，将他祖父母及以下的家人遗骸迁葬于此。1946 年，马一浮回杭，到皋亭山去看他先人的墓地，但见墓木尽为盗伐，满目疮痍，于是拊膺流涕。他想到自己的家族自祖上开始，便是家风清整，没想到现在却遭如此厄运。1947 年，马一浮修整墓地，并撰写了《会稽马氏皋亭山先茔记》兼上石。第二年，马一浮开始为自己营建生圹，欲百年之后长眠在父母的墓旁。在此前后，他也想预先给自己题下墓辞作为对自己一生的评价（马一浮禀性清高，他认为很少人能明白他的学问，理解他的心志，所以只好自己写了）。笔者曾见到其于1947 年所撰自题墓辞的初稿墨迹。今录之如下：

> 孰宴息此山陬？
>
> 古之逸民兮，今莫与俦。
>
> 驱日月兮行九幽，安惇独兮背人流。
>
> 枯槁不舍兮，陋穷不忧；
>
> 虽曰无闻兮，庶没齿而无怨尤。

道不可为苟悦兮，生不可以幸求。

世各从其所好兮，吾独违夫迷之邮。

志不可得终遂兮，自今其归休。

委形而去兮，乘化而游。

蝉蜕于兹壤兮，依先人之故丘。

莫余知其何憾兮，任千载之悠悠！

丁亥夏四月豫制，蠲戏老人书。

这篇文字清逸孤高，显然是继承了《楚辞》《离骚》的风格，同时也体现出马一浮受道家老庄思想的熏染甚深。他以身体为天地之委形，以性命为天地之委顺。他韬光灭迹，甘作逸民隐士，愿作"文化遗老"。这都体现出道家对他的人生态度的影响。不过，这算不上完全恰当的定评，因为马一浮在中国文化的儒佛道三教中，最重视儒家，其次是佛家，再次才是道家。另外，文中虽然透露出他不求闻达的心志，但仍可感受到一些难以申言的孤愤之意。这也许是当时他感到了自己家庭之缺憾、命运之多舛、志业之未申所致吧。为了将这篇墓辞写得恰如其分，马一浮在此后十年中屡有修改，可见他对这件事十分看重。1958年，蒋国榜劝请他将墓辞刻石于其生圹旁，他遂作出最终改定。文云：

孰宴息此山陬兮？昔有人曰马一浮。

老而安其惶独兮，知分定以忘忧。

学未足以名家兮，或儒墨之同流。

道不可为苟悦兮，生不可以幸求。

从吾好以远俗兮，思穷玄以极幽。

虽笃志而寡闻兮，固没齿而无怨尤。

惟适性以尽年兮，若久客之归休。

委形而去兮，乘化而游。

蝉蜕于兹壤兮，依先人之故丘。

身与名其俱泯兮，曾何有夫去留？

蠲戏老人自题。

这篇墓辞可以说是马一浮对自己的盖棺定论，其文字风格质实平和、清远有味，体现出儒家、佛家和道家对他的深刻影响。他以儒墨为同流，以适性为志业，都是恰如其分的总结。此后，马一浮曾将此文写赠谢无量、沈尹默、严群等人。后来皋亭山于1959年被征用作半山钢铁厂。施工期间，刻有此墓辞的碑石被推倒，他表现得很坦然，并说："人事无常，乃于吾身亲见之，亦何足异。吾生尚非吾有，更何有于墓，何有于文。"后来在周恩来的指示下，马一浮的先茔、生圹被保护了起来。

1967年6月2日，马一浮与世长辞，终年八十四岁。在他垂危时，他还写下了绝笔诗《拟告别诸亲友》，诗云：

乘化吾安适，虚空任所之。

形神随聚散，视听总希夷。

沤灭全归海，花开正满枝。（原注：是日花朝。）

临崖挥手罢，落日下崦嵫。

笔者认为，这是20世纪最好的近体诗之一。全诗透露出作者对于人生真谛的深切理解，对于生死问题的旷达了悟，同时也隐含着作者对于心性义理的圆融造诣，以及对于中国文化的达观展望。这既是诗，也是哲理。"沤灭全归海"（意谓水泡浮沤最终都会归于大海）展现出性德之圆融遍摄，亦透露出人生之圆满博大，无复遗憾；"花开正满枝"则表明性德之洁静灿烂、不失不坏、炳然常存。只不过，哲人已萎，乘化而游，一去不返，而马一浮一生所致力发扬的六艺论，以及其所关切的心性问题，则需要后人接续下去，作出更丰富深入的思考。

马一浮去世后，遗体被火化，次年葬于余杭县（今杭州市余杭区）五常乡黄泥坞。1980年6月，浙江省政府为马一浮补开追悼会。1989年，有关方面将马先生骸骨迁葬于杭州南山公墓。20世纪90年代初，在西湖蒋庄马一浮故居成立马一浮纪念馆，陈列马一浮的照片、手稿以及所刊书籍等，并在杭州师范学院成立"马一浮研究所"，任继愈为研究所题词曰："融会华梵，究天人之际；穷理尽性，绍洙泗之源。"马一浮毕生深研儒佛之学，并且以直接孔孟、发扬孔子六艺之教自居，因此任先生的题词甚能概括马先生毕生学问的旨趣。1993 年，杭州师范学院马一浮研究所在杭州举办"首届马一浮国际学术研讨会"，并编撰有《马一浮学术研究》及《当代理学大师马一浮》二书。1996 年，《马一浮集》三大册出版，此书及其后在台湾出版的《马一浮先生遗稿》三册构成了研究马氏学术思想的第一手文献。2008 年，浙江文史馆和马一浮研究所等单位又举办第二届马一浮学术研讨会，学界对马一浮学术思想的研究越趋深入和多元化。另外，从 2000 年起，学界出版了多部马一浮研究专著，如滕复的《马一浮思想研究》、许宁的《六艺圆融：马一浮文化哲学研究》以及邓新文的《马一浮六艺一心论研究》等等。不过，在整个现代新儒学研究中，马一浮研究是学界相对薄弱的领域，更为深入具体的评判与研究则有待于吾人继续努力。

第5章

六艺论述要之一：六艺作为意义机制

任继愈先生说："马一浮的六艺论是他对中国义化的整体观，也是他的学术思想体系。马先生生前没有来得及充分发挥，阐述的责任留待后来学人。"这是对马氏学术思想的中肯评价。正如"新唯识论"是熊十力的思想宗旨一样，六艺论则是马一浮的思想宗旨。研究马一浮，理解马一浮，不能绕过六艺论。不过，马氏生前虽然对他的六艺论有过相关的展示，但其思想多散见于其讲录、问答和书信中，所以对六艺论的具体内容作出全面梳理并加以深入评判，是有困难的。笔者通过对马一浮著作文字的研读，并吸收学界的研究成果，试图对六艺论作一简述。

首先，我们要问，马一浮为何要提出六艺论？他提出六艺论,在近现代有什么思想意义?众所周知,近现代中国社会在社会结构、秩序、信仰与价值等方面发生了急剧的变化,从而令国人陷入各种深层次的危机之中。这些危机有的是现代化的危机,也即中国在西学冲击以及由传统社会走向现代社会进程中所陷入的困境与迷失。为应付这种困境与迷失,当时国人作出了不同的政治和社会选择。但是,现代化危机尚不足以包含近现代中国所有的深层次危机。从根本上说,现代化危机是近现代中国社会意义危机的一个面相而已。新的价值系统与思想系统传入、原有的价值系统与思想系统遭受质疑与自我沉沦、人们对于天地人生之本源意义的困惑等等,构成了意义危机的总体内容。有学者曾指出,"道德迷失""存在迷失"与"形上迷失"构成了意义危机的基础。郭齐勇先生则概括说:"近现代中国的思想危机是'意义的危机',即人们对于人生、宇宙的基本意义的看法与信仰的危机。"

面对深刻的意义危机,近现代各种思潮有着各自的回应,并努力寻求解决之道。在这种背景下,一方面,奠基于梁漱溟、马一浮、熊十力诸人的现代新儒学乃寻找解决意义危机的一条出路,它在本体本源处重建与展示出意义机制与价值系统,熊十力的"新唯识论"、马一浮的"六艺论"、牟宗三的"两层存有论"以及唐君毅的"道德自我"与"心通九境"等，都体现出这种努力。另一方面，面对意义危机与迷失，现代新儒学在重建意义机制与价值系统的过程中，明确地以儒学为本位立场。以儒学为本位，这就多少会带出"判教"的倾向，也即在不同的思想系统中判析出各系统的殊胜与不足，并将孔子儒学判为最高的圆教。可以说，现代新儒家所重建的意义机制与价值系统是其各自的判教说的基础，而判教说则是对其意义机制与价值系统的延伸化、具体化与丰富化。通过两方面内容，现代新儒学对意义危机的问题作出了持续、深入、完备的回应。

总的说来，马一浮通过六艺论，建立并展示出了一个本源、本真的意义机制，并且在这个基础上引申出一个以儒家六艺为基础的判教系统，以此展示出真善美的生活世界，引导人们走出意义和价值的迷失。在此基础上，笔者认为，六艺论作为意义机制，具有四个思想性质：一、六艺之为全体；二、六艺之为大用；三、六艺之为工夫；四、六艺之为判教。前三个性质构成了意义机制的基本脉络。因此这一章先介绍前三个性质，也即六艺之为全体、大用、工夫。

六艺之为全体

说起"六艺"，我们通常会想到"六经"，也即《诗》

《书》《礼》《乐》《易》《春秋》六种儒家经典。马一浮在讲说六艺要旨时，也是首先将六艺视为经书来说的。他认为初学者治国学，应该通过三个步骤：首先是楷定国学是六艺之学，其次读基本书籍，再次讲求简要方法。其中第二步"基本书籍"就是六经。他指出，孔子在删订周代《诗》《书》《礼》《乐》四教的基础上，增加《易》《春秋》二教，最终成为"六经"或"六艺"（"经"多就"书"而言，"艺"则偏重于"教"）。因此，马一浮认为六艺是孔子之教，是孔子建立起来的学术典范，对后世学术影响深远。

可以说，六艺是一个完整系统的学术典范，但在这个典范中，六艺的每一艺在内容和风格上是各有侧重的。马一浮为了揭示每一艺的内容和风格，让学者对六艺有简要理解，认为有必要先明确"六艺大旨"。他认为有两段先秦文字最能揭示六艺大旨，一段是《礼记·经解》篇的话，此篇引孔子语谓"入其国，其教可知也。其为人也，温柔敦厚，《诗》教也；疏通知远，《书》教也；广博易良，《乐》教也；絜静精微，《易》教也；恭俭庄敬，《礼》教也；属辞比事，《春秋》教也"。另一段来自《庄子·天下篇》，其谓"《诗》以道志，《书》以道事，《礼》以道行，《乐》以道和，《易》以道阴阳，《春秋》以道名分"。《庄子》以"志""事""行""和""阴阳"与"名分"揭示出六艺中每

135

一艺所侧重的内容，而《礼记》则分别以"温柔敦厚""疏通知远""广博易良""絜静精微""恭俭庄敬""属辞比事"揭示出六艺中每一艺所体现出来的义理风格，换言之，即是人们在六艺的熏染陶成下体现出来的各种本真善美的生活样式。

由"六艺之书""六艺大旨"，马一浮进一步深入到"六艺之道"。他指出，六艺之道是六艺之书与六艺大旨的基础，而六艺之道则是心性的本然流露。他说："有六经之迹，有六经之本。六经之本是心性，六经之迹是文字，然六经文字亦全是心性的流露，不是臆造出来。"六经之书、六艺大旨其实都是心性自然流露的结果，并不是孔子盲目安排撰造出来的。这样一来，就会推导出：人人心性中本来就具备了六艺之道，孔子作为圣人，只是知道这个道理，并将这个道理自然展示出来而已。因此马一浮说："学者须知六艺本是吾人性分内所具的事，不是圣人旋安排出来。吾人性量本来广大，性德本来具足，故六艺之道即是此性德中自然流出的，性外无道也。""性德"也即"心性"，马一浮喜欢用"性德"一词，是因为"性德"能更好地体现出心性涵具着无量的德性这一意蕴。"性德"是马一浮思想中最关键的表述。在马一浮看来，性德不但是吾人心性的本源，同时也是天地宇宙所以成立的本源。换言之，性德是天与人的共同根源。由此，马一浮进一步考察"性德"本身，他通过自我工夫的肯认以及对先秦经典的体玩，揭示出性德是一个"涵具万德"的本源境域。其云：

> 性具万德，统之以仁，修德用敬，都摄诸根。
>
> 仁者，德之总相也，开而为二曰仁智、仁义，开而为三曰智、仁、勇，开而为四曰仁、义、礼、智，开而为五则益之以信，开而为六曰智、仁、圣、义、中、和，如是广说，可名万德，皆统于仁。

性德有总相，也有别相。性德涵具并开显出仁、义、理、智、信、勇、中、和等等直至无穷无尽的德相来，这些德相称作性德的别相。同时，这些德相并不是相互隔别、互不相干的，这些德相都为"仁"这一总相所统摄，换言之，别相都是总相的不同体现而已，此马一浮所谓"一言而可该性德之全者曰仁"。因此，性德是一个总不离别、别不离总、总中有别、别中有总的本源而精微的构成性境域。而总别诸德相，通过相互的对比、差异、相交、互摄，则会源源不息地流淌出天地人生本源而本真的意义来。

马一浮对于性德的上述展示，很容易让人联想到佛家华严宗的基本主张，即"六相圆融"（华严宗认为总、别、同、坏、成、异六种德相是相互交织融摄的）和"一真法界"

（华严宗将世界视为一个本源本真、圆融交摄的心性缘起境域）之说。对此，马一浮并不讳言他对六艺之道的展示是受到了华严法界观的启发，但他辩解和强调说，他虽然借鉴了华严法界观的一些思想与表述，但这同时也是孔子六艺之道的自然展示，孔子六艺"实有如是条理"。在他看来，孔子既以"仁"为总教法、总法门，又在不同的地方兼说"仁智""仁义""智仁勇"诸德，这就隐含着"性具万德，统之以仁"的意蕴了，只不过孔子及后儒并未像他这样将这个意蕴充分揭示出来罢了。因此，马一浮较之传统儒者，更敏锐地借助佛家华严宗的思想和表述，从而托显出六艺的本源是一个总别不二、和谐有序的构成性境域，这一境域是天地人生的意义的渊薮和源泉。可以说，指出这一点，是马一浮对于孔子六艺以及中国文化的思想贡献。

性德中诸德相通过相互涵摄、相互交融，开放并流淌出无量无尽的德相，从而构成天地人生的本源而本真的意义之流。所谓本源，是指性德本体是天地人生的至极根源；所谓本真，是指性德的显发与流行是至真至实的。而性德流淌出来的这意义之流，就是六艺之道，或称作六艺本源。性德流出诸德，为何能够与"六艺"关联在一起呢？马一浮揭示说：

　　以一德言之，皆归于仁；以二德言之，《诗》

《乐》为阳是仁，《书》《礼》为阴是智，亦是义；

以三德言之，则《易》是圣人之大仁，《诗》《书》《礼》《乐》并是圣人之大智，而《春秋》则是圣人之大勇；以四德言之，《诗》《书》《礼》《乐》即是仁、义、礼、智（原注：此以《书》配义，以《乐》配智也）；以五德言之，《易》明天道，《春秋》明人事，皆信也，皆实理也；以六德言之，《诗》主仁，《书》主知，《乐》主圣，《礼》主义，《易》明大本是中，《春秋》明达道是和。

性德的流行，诸德的流出，生成了意义之流。这意义之流乃流出本源之诗、本源之书、本源之礼、本源之乐、本源之易、本源之春秋。在马一浮看来，六艺就是建立在性德诸德相和谐有序地交织流行的基础上的。同时，因为诸德相是相互交织、相互构成的，所以本源之诗有时是仁所通达出来的，有时则是智所通达出来的；本源之乐有时是智所通达出来的，有时则是仁、圣所通达出来的，等等。这样，六艺之道或六艺本源便成为一个流行遍满、互为通达的构成性整体。马一浮云："华严家有帝网珠之喻，谓交光相罗，重重无尽，一一珠中遍含百千珠相，交参互入，不杂不坏。六艺之道亦复如是，故言《诗》则摄《礼》，言《礼》则摄《乐》，《乐》亦《诗》摄，《书》亦《礼》摄，《易》与《春秋》亦互相摄，如此总别不二，方名为通。"

由性具万德到性德流出诸德，再到诸德流出六艺，再到六艺之道的交融涵摄，实际上是意义之流的自我生成、自我酝酿、自我交织、自我丰富的过程。值得注意的是，在马一浮看来，这个意义之流是隐微、幽深、不可见、不可闻的，也即尚未对象化与显明化，有待于继续生成、酝酿和显现。这正如《礼记·孔子闲居》篇引孔子说六艺谓"正明目而视之，不可得而见也；倾耳而听之，不可得而闻也"。同时，六艺之道、六艺本源是性德之开显，因此六艺其实即是性德本身。在马一浮看来，性德就是本心，就是心之本体；而这本体则又是以涵具万德而统于一德的形式出现的，所以又称为"全体"。既然六艺是性德，性德是心之全体，那六艺就是"心之全体"了。总言之，"六艺为一心之全体"，是马一浮所论六艺的首要性质。

六艺之为大用

马一浮继承了传统思想中的体用论和体用不二观，认为有"体"则必有"用"，有"全体"则必有"大用"，因此有"六艺之为全体"这一性质，则必有"六艺之为大用"这一性质。本源、本真的意义之流既已兴发生成，则必然不会止息，并发散为意义世界的多样性与丰富性。换言之，六艺之道、六艺全体将会继续生成与酝酿，而当酝酿到了充盈饱满时，则自然地流行通达出天地万物与人间万事。这个六艺全体通达出天地万物与人间万事的环节，就是六艺大用显示出来的过程，马一浮谓"本体既显，则大用繁兴，真照无边，应缘不碍""就其真实无妄则谓之体，就其神用无方则谓之用。体无乎不在，则用无乎不周"。在他看来，六艺大用成就一个本真善美的生活世界。同时，借助六艺大用的繁兴流行，也即本源、本真的意义之流的进一步酝酿生成，天地宇宙、万事万类亦得到了进步的经纶、安顿与成就。

不过，马一浮六艺论的这种全体大用观，究竟有没有经典上的根据？马一浮强调，性德诸相之开显—六艺之道之互摄—六艺大用之繁兴，其作为意义结构，并非他的杜撰，而是性德本体自然的流露与展示，同时也是孔子六艺的未发之蕴。他认为这可从《礼记·孔子闲居》篇中得到体证。此篇记载孔子谈论到了诗教与六艺的问题，孔子在其中还展示出一个"五至"—"三无"—"五起"的意义生成结构。在《孔子闲居》的开头，孔子答子夏问"如何斯可谓民之父母矣"时谓"夫民之父母乎，必达于礼乐之原，以致五至而行三无，以横于天下"。其后孔子还说："孔子曰：志之所至，诗亦至焉；诗之所至，礼亦至焉；礼之所至，乐亦至焉；乐之所至，哀亦至焉。哀乐相生，是故正明目而视之，不可得而见也；倾耳而听之，不可得而闻也。志气塞乎天地。此之谓五至……孔子曰：'无声之乐，无体之礼，无服之丧，此之谓三无。'"

在"五至"的环节中，孔子指出了"志"是诗、礼、乐、哀的源泉。而在马一浮的思想中，"志"即是作为性德全体的"仁"因为有所感触而通达出来的本源意向与指引，这意向与指引通达无碍，并能够伸展出本源之诗，而本源之诗又伸展出本源之礼、本源之乐、本源之哀等等，并由此构成六艺本源、六艺本体。这些诗、礼、乐、六艺并非具体的诗言、礼制、乐律，而是正在构成中、将行显发中的意义生成环节。这种生成尚未完全显明化、对象化，但也并非没有，所以孔子谓"正明目而视之，不可得而见也；倾耳而听之，不可得而闻也"；但是这六艺之道、意义之流的相通互摄，已经通过"志气塞乎天地"的方式如火之燃、如泉之涌一般盈满天地之间了。

继"五至"之后就有"三无"，也即"无声之乐""无体之礼""无服之丧"。处于三无状态中的六艺，其实与五至一样都是六艺之道、六艺全体，仍未说到六艺大用这一性质上去。只不过在三无时，六艺之道在经过五至之后，继续以三无的形式更饱满地酝酿、丰富这道意义之流、这个意义之网，因此马一浮谓"上文五至言'致'，三无言'行'，致唯证量，行则有境，境智不二也。行主心行而言，非指事相之著，境非缘物而起，故名为无""乐之声律，礼之度数，丧服之隆杀，并缘境有；与此相望，有粗妙之别"。一方面，三无将五至推行出来，将意义的流行深广化；另一方面，三无"非指事相之著"，也即在三无的状态下，六艺仍然没有对象化、显明化，仍然归属于"六艺之为全体"的性质。

本源本真的意义之流经过五至、三无的酝酿和丰富，已经接近"漫出"的地步，由此必将兴发出周遍圆融的六艺大用。《孔子闲居》篇接着说，子夏曰："言则大矣，美矣，盛矣！言尽于此而已乎？"孔子曰："何为其然也？君子之服之也，犹有五起焉。"子夏曰："何如？"孔子曰："无声之乐，气志不违；无体之礼，威仪迟迟；无服之丧，内恕孔悲。无声之乐，气志既得；无体之礼；威仪翼翼；无服之丧，施及四国。无声之乐，气志既从；无体之礼，上下和同；无服之丧，以畜万邦。无声之乐，日闻四方；无体之礼，日就月将；无服之丧，纯德孔明。无声之乐，气志既起；无体之礼，施及四海；无服之丧，施于孙子。"

马一浮解释这段话说："初答明前言，乃示其德相之胜，犹未显其力用之神。今就三无心行内蕴，则有五起大用外发，故当次说五起，以显其用也。"就是说，五至与三无只是"示其德相之胜"，只是说到六艺本体这一性质；而"五起"则"前后相望，辗转增胜"，"从微以至著，由近以及远，从勉以至安"地展示出六艺大用来：自无声之乐而言，气志以不违、既得、既从、日闻四方、既起之次第发出；自无体之礼而言，威仪以迟迟（从容的样子）、翼翼、上下和同、日就月将、施及四海之次第发出；自无服之丧而言，乃是内恕孔悲（恻隐心生）、施及四国、以畜万邦、纯德孔明、施于孙子（德用无尽）。

在马一浮看来，这种"大用"，就是六艺全体所展现出来的可见可闻的真善美的生活世界与意义世界，也即是"六艺生活""人类合理而正常的生活"。在孔子的基础上，马一浮进一步从具体方面展示出六艺生活的各种内容。他说：

《诗》以道志而主言，在心为志，发言为诗。凡达哀乐之感，类万物之情，而出以至诚恻怛，不为肤泛伪饰之辞，皆《诗》之事也。《书》以道事。事之大者，经纶一国之政，推之天下。凡施于有政，本诸身，加诸庶民者，皆《书》之事也。《礼》以道行。凡人伦日用之间，履之不失其序，不违其节者，皆《礼》之事也。《乐》以道和。凡声音相感，心志相通，足以尽欢欣鼓舞之用而不流于过者，皆《乐》之事也。《易》以道阴阳。凡万象森罗，观其消息盈虚变化流行之迹，皆《易》之事

144

也。《春秋》以道名分。凡人群之伦纪，大经大法至于一名一器，皆有分际，无相陵越，无相紊乱，各就其列，各严其序，各止其所，各得其正，皆《春秋》之事也。

在马一浮看来，有六艺之文，也有六艺之事。性德全体流淌展示出了《诗》《书》《礼》《乐》《易》《春秋》六艺之文，而六艺之文则可以施之于日用生活之中，表现为生活的具体内容，成为六艺之事。这些六艺之事分别表现为以哀乐之感发之为文辞，以身为本推之于庶民，践履于人伦日用之间而不失其序，感通于声音心志之中而不流于过，消息盈虚变化流行之迹，伦纪经法名器分际之严。六艺之文与事，都是性德显发出来的本真、充实、中节者，从而构成了六艺大用，并具体地、活泼地成就人类合理的正常生活，从而区别于溺于习气的不正常生活。这六艺生活，以性德全体为基础，并推而至于参通天地，使得整个天地人生都盈满六艺，整个天地人生都是六艺的体现，此即马一浮所谓"六艺之道何物而可遗，何事而不摄乎"。

"六艺之为一心之大用"，是马一浮所论六艺的第二个性质，此性质是"六艺之为一心之全体"这一性质的自然伸展。马一浮对六艺之为全体、大用这两个性质总结道："此理自然流出诸德，故亦名为天德。见诸行事，则为王道。六艺者，即此天德王道之所表显。故一切道术皆统摄于六艺，而六艺实统摄于一心，即是一心之全体大用也。"这里说的"理"就是"性德"。性德流出诸德，称为天德，也即六艺之道、六艺全体；天德体现为善美充盈的生活，称为王道，也即六艺大用。因此，六艺是兼摄体用、体用一源、体用不二的圆融严整的意义结构和意义机制。在这个结构和机制中，本源、本真的意义的生发、流行、酝酿、充实、发用的过程和环节得到了充分展示。

六艺之为工夫

如前所述，马一浮将六艺展示为体用圆融、全体大用的意义机制，展示为一个至真善美的生活世界。但现实生活中，人们往往因为气质之偏、习气之蔽等原因，而多半未能参与到这个意义机制的兴发与流行中去，意义的自然机制因此受到了扭曲和破坏，从而导致意义兴发的变异或失败。其结果，就是合理正常生活的消隐，人们埋没在习气中生活并产生意义危机。然而，在马一浮看来，正是由于人人都本然地具足性德，因此人人都可以通过自己的努力，参与并展示出六艺之道，人人可以疗治意义危机并成就充实善美的生活世界。这种意义的疗治与参与，传统学术称作"工夫"。马一浮指出，要重新展示出一个本源本真的意义机制来，就必然要求人们自己通过切实的修养工夫，参与到意义流行的诸环节中去。修养的工夫是否真切深入，直接关系到充实善美的生活世界能否充分展示。

可以说，工夫既然参与至六艺体用的诸环节中去，工夫既然关系到六艺全体大用能否充分展示和落实，那么工夫也就构成了六艺意义机制的一个本质性内容。换言之，工夫也是六艺的一个本质环节，只有修养工夫落实下来，六艺全体才得以自然地展示出六艺大用。

那么，六艺工夫包含了何种内容？马一浮认为，六艺意义机制能否顺畅发生与流行，关键在于六艺本体即性德能否全幅显现。在日常生活中，人们之所以不能开展出充实善美的六艺生活，就在于性德因为习气之蔽而隐晦不彰。性德埋没，因此只能在虚妄的习气中生活。因此工夫的指向就在于"革新全人类习气上之流失，而复其本然之善，全其性德之真"，从而"成己成物"，"尽己之性，尽人之性"，最终成就"盛德大业"（盛德指六艺全体，大业即六艺大用）。

因此，工夫的关键是如何让性德得以显现、如何让六艺本体不受遮蔽，所以马一浮特别强调"见性"与"复性"。其谓"古圣教人只教伊识取自性，自能断习""若见性时，自能廓落"，又谓"六艺皆所以明性道，舍性道而言六艺，则其为六艺者，非孔子之道也"。如果能够见性，则习气刊落、性德显现。见性是学者下工夫最困难的一关，此关打透后，则能复性。因为见性尚非最稳固的方法，复性则能够让人们完全住于性德全体，让性德全幅地流出六艺之全体大用。总言之，见性复性是一种参与、组建意义生成与流行的本源工夫。只有在见性工夫的持续参与、保证与涵持下，六艺全体才得以落实为六艺大用。因此，见性工夫是六艺的重要构成性质，故马一浮谓"六艺之道不是空言，须求实践"。可以说，六艺之为工夫这一性质，乃统摄整个六艺意义机制。

那么，见性工夫应从何处下手？马一浮完全继承宋明理学中程颐、朱熹的工夫说，并简易回答道：只是一个"敬"字。他说："唯敬而后能知性，唯敬而后能尽性，唯敬而后能践形。"敬不仅涵摄了知性（见性）与尽性，而且也涵摄了践形（即性德所显发的大用），因此"敬也者，所以成始而成终也"。同时，在马一浮看来，性德全体如果显露出来，就天然地会有一种"涵容深广""虚明澈照"的气象，这叫作"元气"。元气能组建起意义的伸展流行，并显发为六艺大用。但是人们往往被气禀所拘、物欲所夺，元气消散，性德埋没。而这气禀与物欲则是"习气"（或称为"客气"）。习气不是人身所本有的，而是因人心的虚妄计度而形成的，所以可以去除。去除习气，元气自然能够回复，故谓"治病者先去外感客邪，乃可培养元气，先以收摄，继以充养，则其冲和广沛之象可徐复也"。而这收摄充养的工夫即是敬。马一浮说："志足以率气，则气顺于理，而是气固天理之流行也。何以持志？主敬而已矣。伊川曰'涵养须用敬'，即持志之谓也。"持志即是主敬，主敬工夫能主宰、收摄一切气，令气顺于理，于是习气因为主敬工夫的管摄以及性德的显照而失去了其存在的基础，最终性德本有的元气可以逐渐回复。

主敬工夫不间断，则性德本体得以逐渐显露，这就是"见性"。而见性之后，仍然需要主敬工夫，"既识得此理以后，仍须以诚敬存之，诚敬工夫不容间断"。涵养存持既久，性德全体发露，从而流淌出六艺之道，显发为六艺大用。所以，在主敬工夫下，性德之显发是有次第的，马一浮通过"体仁"来作出说明："学者诚欲达于礼乐之原，必先致'五至'，而后能行'三无'，乃可以言体仁，乃可由《诗》以通六艺。须知体仁亦有三义，体之于仁，以仁为体，全体是仁，如是三种次第"，"致'五至'者，智之事也；行'三无'者，圣之事也"。换言之，主敬持志工夫能够使人不被习气所障碍而有所感通，感通则能够通达出本源之诗；而感通实际上是作为本体的仁的呈显，因此仁的显发、意义的流行首先展示为诗教。同时，仁的显发并不是一步到位的。主敬以达致本源之诗，再步步达致本源之礼乐、六艺，这个过程（即五至）只是"智之事"，也即性德展示之初位、体仁工夫之初门；主敬工夫不间断，那么六艺就可以由五至而达致三无，这就是"圣之事"，也即性德的全幅显照、六艺的丰富展示、生活的善美实现。

主敬作为六艺工夫，能够让性德逐渐开显、意义自然周流。同时，作为性德的"仁"乃是天地人物的共通根源，因此性德之显发、意义之周流必然会"溢出"，马一浮谓"仁者物我无间，故通；不仁者私吝蔽塞，故睽"。在意义之源头上，人们自身与天地万物本来是相通一体的。而性德之仁的显照，则展示为"一念爱敬之心"，而这爱敬之心，亦必然地达致为无所恶慢于他人、无所损伤于草木，从而与天地共生共育。同时，这一性德通达出来的爱敬之心，乃首先表现为"孝"。因为在生命与意义的源头上，人们总首先是与父母根源在一起的。一念爱敬之心作为意义的流动，必然会先通达至父母身上。于是，性德之仁便成就为爱敬之孝。马一浮说：

> 有生之伦，谁无父母，孩提之童无不知爱其
> 亲者，未知私其身也。至于以身为可私，则遗其
> 亲、怼其亲，倍死忘生者有之。然当其"疾痛惨

恒，未有不呼父母"者，则本心之不亡，虽瞑而终通也……指出一念爱敬之心，即此便是性德发露处，莫知所由，然若人当下体取，便如垂死之人复活，此心即是天地生物之心。本此以推之，礼乐神化皆从此出。

在这里，他指出主敬见性的工夫所显发出来的爱敬之心，一方面成全为爱亲敬亲之孝；另一方面，孝又能够将性德全体展现出来，并落实到具体的生活中去，而成为礼乐神化之源。其实，马一浮这种说法在儒家经典中也有根据。孟子就说过"仁之实，事亲是也；义之实，从兄是也""礼之实，节文斯二者是也""乐之实，乐斯二者；乐则生矣，生则恶可已也；恶可已，则不知足之蹈之、手之舞之"。因此，马一浮总结谓"言孝弟则礼乐在其中矣，言礼而乐亦在其中矣"。同时，孝悌展现为本源之礼、本源之乐，那么本源之书、易与春秋之道也自然在其中矣。因为作为意义源头的一念爱敬之心，"即是天地生物之心"，而这天地生物之心是普遍盈满的，它无所不通、无所不达。因此，在这个基础上，孝悌展示落实为礼乐之道，而礼乐之道则必然推而至于政治之道、天地鬼神之道、名伦等物之道，从而涵摄并展示出整体的六艺之道、六艺之教。因此马一浮甚为欣赏程颐"尽性至命，必本于孝弟；穷神知化，由通于礼乐"，以及

《孝经》"孝弟之至，通于神明，光于四海，无所不通"这两段名言，他自己也总结谓"事亲之道，即事君之道，即事天之道，即治人之道，即立身之道，亦即天地日月四时鬼神之道"。

可见，在马一浮看来，孝是礼乐之渊源与礼乐之大用，也即六艺之根本与大用。同时，由主敬工夫所引发出来的孝，其实也是一种六艺工夫；而孝作为工夫，能够实质性地参与及统摄整个六艺机制。因此孝可以说是六艺之根本。同时马一浮还体会到，作为孔氏遗书、主要展示孝之大义的《孝经》一书，在具体内容上也兼摄了六艺，因此"博说则有六艺，约说则有《孝经》"，亦即郑玄所谓《孝经》为六艺之"总会"。他总结道：须知六艺皆为德教所作，而《孝经》实为之本；六艺皆为显性之书，而《孝经》特明其要。故曰一言而可以该性德之全者，曰仁；一言而可以该行仁之道者，曰孝。此所以为六艺之根本，亦为六艺之总会也。

经过马一浮的辨析，六艺工夫包含了敬与孝，敬、孝都是参与并组建起六艺全体大用的关键环节。同时，敬、孝虽然是相通一致的，但两者也略有不同：主敬是见性、识仁的工夫；孝悌则是尽性、行仁的工夫；见性将性德通达出来，而行仁则将性德展示为生活与意义世界；如果以知行的角度来说，那么敬是知的工夫，孝则是行的工夫。在马氏看来，"知为行之质，行是知之验""当其行时，全知是行，亦无行相可得"，因此"可以行摄知"，也就是说，孝可以统摄敬而成为六艺之总工夫、六艺工夫之总法门，因此"《孝经》为六艺之根本与总会"是六艺之为工夫这一性质的总命题。

我们已阐释了马一浮所论六艺之三性质，也即六艺之为全体、六艺之为大用、六艺之为工夫。这三个性质相互构成、相互交织、相互涵摄，并共同构成一个本源本真的意义机制。这是马一浮六艺论思想中最关键、核心的内容。通过全体—工夫—大用的结构，马一浮试图从根本上解决近现代社会人们的意义和价值的迷失与危机，令人们得以自我陶成并成就本然善美的生活世界与意义世界，为世界真正和平的实现作出贡献。

六艺归于简易

在阐释六艺三性质的基础上，马一浮还有更深入的思考与探索，他进一步指出六艺为何是以全体—工夫—大用的结构呈现出来的，并论述使这三个性质成为互构相融的整体的根本依据。这就是"简易"。

马一浮认为，从思想的角度说，在六艺之中，易教最为重要。《易》是六艺的渊源，也是六艺的归宿；《易》统摄了整个六艺。那么，在易教之中，最为关键的思想是什么？他认为是"三易"。所谓"三易"，是指"不易""变易"和"简易"，其中"简易"可以统摄"三易"。"三易"的说法最早出现于汉人所著的《周易乾凿度》一书中，此书一开头便提到三易，并且指出三易是孔子的思想。马一浮十分重视《周易乾凿度》的这个思想，并对三易加以创造性的诠释。他以宋明理学的"理气"说为基础，论述三易之义云：

> 《易》为六艺之原，《十翼》(即《易传》)是孔子所作，一切义理之所从出，亦为一切义理之所宗归。今说义理名相，先求诸《易》。易有三义：一变易，二不易，三简易。学者当知气是变易，理是不易，全气是理，全理是气，即是简易。(原注：此是某楷定之义，先儒释三义未曾如此说。然颇简要明白，善会者自能得之。)只明变易，易堕断见；只明不易，易堕常见。须知变易元是不易，不易即在变易，双离断常二见，名为正见，此即简易也。

他指出，如果要探寻六艺的起源与会归，都应该求诸易教，而易教的宗旨则可求诸三易。汉儒曾经对三易有所阐释，马一浮则自楷新义。他指出不易即是"理"，换言之也就是性德本体。变易即是"气"，气是理（或性德）所通达

154

展示出来的变动流行之象。同时，马一浮强调，在本源本真的状态下，不易的理与变易的气并不是相对立、相隔阂的，而是圆融一体、体用一源、理气不二的，也就是"全气是理""全理是气"。理完全展示为气，气全体是理的体现；变易原来只是不易，不易全体展现在变易之中。这种圆融的状态就称作"简易"。总言之，六艺的源头、义理的根源是一个体用一源、理气不二、即不易即变易的简易境域。这个简易境域包含了天地人生的本源消息。

马一浮认为，"简易"已经是思考所要达到的最深入境界，也是天地人生最本源的基础，一切义理、一切文化都以简易作为源泉与归宿。同时，他还以三易或简易会通儒、佛、道三家的各种义理名相（*所谓"名相"是指表达义理或思想的名词术语*）。在他看来，儒、佛、道三家（*特别是儒、佛两家*）对于简易多能够有深入的领会，只不过它们展示出来的名相各有不同而已。如果以简易作出考察，就可以体会到它们是殊途而同归的。例如，简易体现在"体用"的论题上，就表现为佛家的"从体起用""摄用归体""体用不二"，也表现为佛家的"体大""相大""用大"，也表现为"心真如门""心生灭门""二门不二"；体现在"知行"论题上，就是儒家王阳明说的"知行合一"；体现在"性情"论题上，就是儒家朱子说的"心统性情"；等等。照此类推，简易可以广泛地统摄一切义理名相，可谓至简至易而又至深至广。

那么，简易究竟与六艺论有什么实质性的关联？简易如何能够成为六艺论的根本依据？实际上，在马一浮看来，简易是天地人生最本源的道理，天地通过乾坤简易之道而得以生成、长养、善化万物，人作为天、地、人三才之一，也同样可以获得简易的状态与境界。具体说来，这个简易的状态与境界就是吾人的全体生活都是仁的流淌、性德的通达，毫无习气，至真至实，充盈善美。反过来说，人的仁心性德为习气所遮蔽，那么不易的性德就不能展示为变易的元气，于是不能获得全理是气、全气是理、理气不二的简易境界，于是人们会陷溺在虚妄的习气之中，人们的生活也必然不会充盈善美，而只会变得干瘪无聊、私欲流行、争讼纷然。不过，正因为习气是虚妄无实的，所以人们可以通过修养工夫，使得自身回复并获得他的本源本真的简易之道，从而回归体用圆融、即不易即变易的生活。因此，简易也是一种工夫。那么，简易工夫该如何下手？马一浮指出，这需要"敬""敬义夹持"的工夫。敬义工夫纯熟之后，则会显发为日常的践行工夫，这个日常践行工夫则在于"孝"。所以，敬、孝是保证人们达致简易的修养工夫。

很明显，不易（体）—变易（用）—简易（以敬、孝工夫保证体用不二）的统一结构已经呈现出来了。如果将三易

156

与六艺论联系起来，便会发现，六艺论的义理基础就在于简易。在马一浮看来，这个简易与六艺的相通结构，也并非他自己的杜撰，而是义理本源的自然展示。将马一浮的简易论、六艺论、体用论、理气论等结合起来，可列表如下：

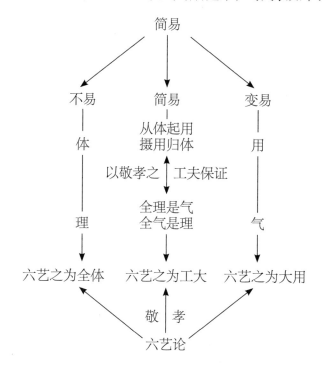

可以说，"简易"是马一浮六艺论最为深入的论说。如果说六艺展示出了一个意义机制，那么简易则是这个意义机制的至极根源，也是六艺三性质相构相融的最终根据，六艺的三个相互构成的性质在简易中获得了本源的统一性。

总言之，六艺论是一个意蕴丰富的现代儒学系统，它表现出了马一浮探寻中国文化之大本大源的深入努力。这个系统是以六艺之为全体、大用、工夫三个性质之相构相摄展示出来的，而三个性质相构相融的义理根据，则是不易、变易、简易的相即相通。这个系统，隐然涵具了一个意义机制。六艺论是在儒家六艺本位上对意义问题深入丰富的回应，也是对现代社会意义缺失与意义危机的疗救。

第6章

六艺论述要之二：六艺作为判教系统

面对近现代深刻的意义危机，现代新儒学致力于重建和展示出对治近现代意义危机的意义机制与价值系统，同时它在这个基础上坚持了儒家本位的立场，对各种学术系统进行"判教"的工作。马一浮的六艺论在这两个方面都提供了思想支持和贡献：提出了作为意义机制的六艺论，并以儒家六艺为"圆教"来判摄人类一切学术思想。

"判教"是佛家的一种传统，佛教各宗派虽然都遵守着若干佛教的基本思想和主张，但是各宗派之间却有着许多异同。宗派越多，发展越复杂，传统越深厚，各宗派就越需要通过判教的方式来判别、疏通它们在思想上的异同高下，并证明自己是最高的圆教、大教，而并非别教、偏教、小教等。而在近现代中西文化冲突与交融的背景下，现代新儒学面对的已经不仅仅是儒学内部的孔孟荀之判、程朱陆王之判，也并不仅仅是儒佛道三家之判，还要面对儒家与西方近现代哲学、宗教的关系问题。因此，现代新儒学亟待通过更为深广的判教工作而确立儒学在近现代背景下的应有位置。笔者认为，在现代新儒家的判教思想中，要数第一代的马一浮与第二代的唐君毅的判教论最具系统性、原创性和启发性。而马一浮判教论的主要特色则是紧扣着"六艺"作出发挥的，因此可以称作六艺判教论。

首先，马一浮指出他的六艺判教是六艺意义机制的自然引申。他说："六艺之道，条理粲然。圣人之知行在是；天下之事理尽是；万物之聚散，一心之体用，悉具于是。吾人欲究事物当然之极则，尽自心义理之大全，舍是末由也。圣人用是以为教，吾人依是以为学。教者教此，学者学此。外乎此者，教之所由废，学之所由失也。今言判教者，就此条理之粲然者而思绎之，综会之，其统类自见，非有假于安排造作，实为吾心自然之分理，万物同具之根源。"他认为，六艺作为一心之全体大用，能够包含天地人生的一切现象，蕴藏天地人生的一切义理。因此，人们无论如何学习，都与六艺有关，一切学问都可以溯源到六艺之学；人们无论如何教育，都与六艺有关，一切教育都可以溯源到六艺之教。同时，因为六艺之道是天地间自然的道理，是本心性德自然的展示，所以马一浮认为，以六艺之道为基础的六艺之学、六艺之教以至于六艺判教自然也就不是他自己的私意杜撰与安排的结果，而只是将自然的六艺之道、六艺意义机制置于人类各种学术思想中，并考察它们在六艺中的位置与作用而已。

其次，判教要有一个总纲。在马一浮看来，六艺判教的总纲就是"六艺统摄一切学术"。换言之，"六艺不唯统摄中土一切学术，亦可统摄现在西方一切学术"。对于马一浮六艺论并不特别了解的人，往往会觉得这种说法荒谬至极：六艺作为先秦的经典和思想，如何能够包含人类一切学术？其实，如果对六艺意义机制中的三个性质有所了解，那么对这个命题就容易理解了。因为马一浮所说的"六艺"已经并不限于先秦的经典和思想，"六艺"已经被理解为天地人生之意义的根源和全体了，充盈天地间的只是六艺之表显，只是性德之流行。因此，人类的所有思想、所有学术，都不外乎是作为天地人生之渊源的六艺的一种或完全或不完全、或本源或衍生、或显明化或遮蔽化的体现而已。人类各种思想系统都是六艺的别相与殊相，因此六艺得以统摄人类一切学术。

另外，在马一浮看来，因为六艺被他诠释成一个本源本真的意义机制，同时孔子的六艺之教能够最充分地展示出这个意义机制，所以孔子六艺在各种学术系统中处于"圆教"的位置。而六艺圆教之所以"圆"，是因为六艺在思想上具有本源性、本真性、完备性与涵摄性。他还指出，虽然佛家的判教思想系统严密，虽然佛家也有"圆教"的说法，但是以儒学为本位立场的六艺圆教，实际上较佛家所说的圆教"更圆""更早"。所谓"更早"，是儒家从先秦开始便已经通过"六艺"来判别六艺与其他学术思想了，这无疑比在隋唐开始盛行的中国佛家判教论在时间上要早得多。所谓"更圆"，这是说"佛氏之教有大小偏圆，中土圣人六艺之教唯大无小，唯圆无偏"。具体地说，佛家的各个宗派往往以自家宗派为圆教，并判别其余各宗派为小、始、别、权、偏等教，脉络参差，头绪纷繁；相比之下，儒家诗书六艺皆大无小，唯圆无偏，圆融简易。因此在思想上，儒家六艺相对于佛学更为圆融，故可以统摄一切学术。

最后，判教还应该有"判准"，也就是判教的线索和标准。六艺统摄一切学术是六艺判教的总纲，在这个总纲下，六艺判教的判准则在于"见性"。所谓"性"也即性德，性德是天地之源、六艺之本。马一浮评判诸学术系统的基本线索在于它们是否见性：如果能够见性，那么这种学术系统必定能够与六艺之道相通；如果不见性，那么它则是六艺之道受到遮蔽后形成的六艺的变异形态。同时，性德涵摄万德，因此性德是一个精微幽深的本源境域；而万德流出六艺，因此六艺之道也是一个交织性、丰富性的意义网络。因此，除了见性与否外，还应该评判各个学术系统相应于性德诸德相中的哪一德相、相应于六艺中的哪一艺，来判断它是"得六艺之全"还是"得其一二"。通过上述线索，马一浮展示出其六艺判教的网络。我们现在着重考察在"见性"的判准下，马一浮是如何判析中西文化的。总的来说，可以分为三个方面：一、六艺统摄诸子之学；二、六艺统摄四部之学；三、六艺统摄西方学术。

马一浮认为，六艺是中国文化的发端和源头，也是传统学术的义理总会。由此出发，他指出国人经常说的"国学"，从根本上说就是"六艺之学"，其余的"诸子""四部"等学术形态都是六艺的支流形态、衍生形态。但是，后世学术往往滞留在六艺的"支流"中并各自形成一个小传统，这些小传统进而将自己当作大传统，从而堵塞了通达源头之路，也即将一切学术源于六艺这个渊源给遮蔽遗忘了。由此，后世学术逐渐分化、不断遗忘，比如将国学分为玄儒文史之学，分为四部之学，分为义理考证辞章之学等等，不一而足。更有甚者，后世的各种学术往往是以局为通，执其一端，而议其全体，相互攻讦，没完没了。上述两种情况不仅使得国学的本来宗旨不明确，而且会使国本有所动摇，因为学术文化是与立国之本相通的。因此，六艺判教的主要任务，就是要解构后世学术所形成的各种遮蔽，并作出返本归源的工作，也即返归到"国学为六艺之学"这个本源上去。而这个返本归源的工作主要有两方面：一是六艺统摄诸子，即诸子之学源出六艺；一是六艺统摄四部，即四部之分没有必要。

六艺统摄诸子

先秦诸子之学是传统学术思想中重要的流派和方向，影响深远。但是先秦诸子为什么会兴起，至今尚没有定论。在传统的解释中，影响较大的是汉代刘歆的"诸子出于王官说"。刘歆认为诸子之学来源于王官（即古代朝廷中担任各种官职的官员），不同的王官有不同的专职领域，这成为后世儒、道、墨、法等诸子学出现的源头。马一浮批判了刘歆的王官说，并指出这种说法的问题是它用社会学式的次要方式来分析本源的思想问题，而未能从学术思想本身的运行机制上作出考察。马一浮认为，诸子之所以出现，是由于一个本源的意义机制发生了偏重、偏离、变异，从而衍生出不同的学术形态。这个意义机制即是性德以及性德所表现出来的六艺之道。他认为，比刘歆还早几百年的《庄子·天下篇》可作印证。《天下篇》指出上古只有圣王的道术，道术无乎不在，而生成道术者是"一"（在马一浮看来，"一"就是性德）。本源的"一"作为意义之源，能够有所生、有所成。其所生者为"圣"，所成者为"王"。王的任务是以言语境象等方式将这个"一"展示出来，也即"明于本数"与"系于末度"。"本数"是指仁义礼乐，"末度"是指世间名法制度。本数与末度统合起来成为圣王之六艺，也即《诗》《书》《礼》《乐》《易》《春秋》。《天下篇》还指出，六艺是当时所有思想派别所共同承认、共同遵守的经典与典范。

《天下篇》进而指出，六艺是"道术"，也即将性德或"一"展示出来的意义机制。但是，后人对于六艺道术"各为其所欲焉以自为方"，也即根据自己的学术兴趣和思想取向各自发展了六艺道术的其中一个方面，于是"道术将为天下裂"，六艺"暗而不明，郁而不发"，最终导致了诸子学的形成与独立，但同时也使得圆融的"道术"分裂为偏局的"方术"。总言之，"道术将为天下裂"就是诸子学遮蔽、割裂六艺之道的过程。这个过程有两种主要情况：一方面性德难以明朗地通达出来；另一方面性德所开显出来的六艺之道，被诸子各有侧重、各有取舍、各有割裂。

通过论述，马一浮指出诸子并不出自王官，而是出自六艺，出自对六艺的遮蔽与割裂，从这个角度说，诸子源出六艺，六艺统摄诸子。另外，他在《天下篇》的基础上，以"性德""六艺"来判别先秦诸子之于六艺的得失情况。其云：

> 不通六艺，不名为儒，此不待言。墨家统于《礼》，名、法亦统于《礼》，道家统于《易》。判其得失，分为四句：一，得多失多。二，得多失少。三，得少失多。四，得少失少。例如道家体大，观变最深，故老子得于《易》为多，而流为阴谋，其失亦多，"《易》之失贼"也。（原注：贼训害。）庄子《齐物》，好为无端压之辞，以天下不可与庄语。得于《乐》之意为多，而不免流荡，亦是得多失多，"《乐》之失奢"也。（原注：奢是侈大之意。）墨子虽非《乐》，而《兼爱》《尚同》实出于《乐》，《节用》《尊天》《明鬼》出于《礼》，而《短丧》又与《礼》悖。墨经难读，又兼名家亦出于《礼》，如墨子之于《礼》《乐》，是得少失多也。法家往往兼道家言，如《管子》《汉志》本在道家，韩非亦有《解老》《喻老》，自托于道。其于《礼》与《易》，亦是得少失多。余如惠施、公孙龙子之流，虽极其辩，无益于道，可谓得少失

少。其得多失少者，独有荀卿。荀本儒家，身通六艺，而言"性恶""法后王"是其失也。若诬与乱之失，纵横家兼而有之，然其谈王伯皆游辞，实无所得，故不足判。杂家亦是得少失少。农家与阴阳家虽出于《礼》与《易》，末流益卑陋，无足判。观于五家之得失，可知其学皆统于六艺，而诸子学之名可不立也。

简言之，马一浮认为，先秦诸子于六艺之道有所得，也有所失；有得六艺之道多一些的，有得六艺之道少一些的；有主仁之意多一些的，也有主智之意多一些的；有得于《易》的，也有得于《诗》的；有能见性的，也有不能见性的，也有说性恶的，等等。但无论如何，它们都源本六艺之道，并为六艺所统摄。笔者总结上述引文以及马一浮其他一些说法，将他对六艺统摄诸子的各种判析列表如下：

道家老子——得于《易》——得多失多

道家庄子——得于《乐》——得多失多——有乐而无礼

墨家——出于《礼》《乐》——得少失多——悖礼而乖乐

法家——得于《礼》《易》——得少失多——有礼而无诗

名家——出于《礼》——得少失少——无当于诗礼

马一浮对六艺统摄诸子这个论题发挥得较多，在此我们仅举其大略。总言之，马一浮是以性德、六艺为基本的判准，以《天下篇》为基本文献依据，从而展示出其六艺统摄诸子之说的。

六艺统摄四部

马一浮认为，既然诸子统摄于六艺，诸子源出于六艺，因此可以不必立"诸子学"这个名称。另外，先秦以后对于传统学术的分类法，影响最大的莫过于经史子集四部分类法。他断言在当今的背景下，这种四部分类法也没有必要再沿用下去，因为它缺乏"义理统类"，也即遮蔽了学术思想的本源和实情。因此，马一浮指出有必要松动一下传统的四部分类法，将这个分类所造成的遮蔽打破，展示出这些分类之所以形成的缘由，并让性德境域、六艺之道通达出来。

首先是四部分类法中的经部。他指出，后人将先秦的经典分为十二经、十三经等，这种做法是有问题的。他举"十三经"为例，指出其问题有：一、经书有残缺的情况，例如《仪礼》一书仅存"士礼"部分、今文《尚书》不完整等等；二、存在以传为经的情况，例如十三经中的《礼记》《春秋》等是传而不是经；三、有些书列入了经，但另一些

168

与这些书义理相当者却未列入，例如曾子、子思等大儒的文字与孟子的思想相通相近，但为何只录《孟子》而遗弃曾子等人的书？因此，马一浮认为传统学术的经部分类法并不能恰当处理好上述问题。在这个基础上，他建议可以引入佛家在判别佛学经典时所用的"宗经论"与"释经论"之分，以此统摄群经。宗经论是指以经义为宗旨而自造一论，阐明己说；释经论则是专以解释经典文字为主。同时，他认为孔子对《周易》的解释已经"开此二例"。笔者据马一浮的相关说法，表示如下：

（1）经：六经或六艺。

（2）宗经论：《论语》；《孝经》；《孟子》；《大戴礼记》与《礼记》所录曾子、子思、公孙尼子诸篇；《易传》之《系辞》《序卦》《杂卦》。

（3）释经论：《左传》；《公羊传》；《穀梁传》；《仪礼》《丧服传》；《尔雅》；《说文》；《礼记》释经诸篇；《易传》之《彖》《象》《文言》《说卦》。

通过这种全新的辨别法，马一浮认为经部"分宗释二门全可该收"，简易有序而秩然不乱，经部由此全部统摄于六艺名下，因此经部之名可以不立。

其次说史部与史学。马氏指出，史学在六艺中也有其渊源，史学本身即是六艺意义机制有所侧重的一种运行方式，甚或是变异的运行方式。根据六艺论，性德流出六艺之道，并显发为六艺大用。六艺大用作为性德诸德相的全体通达，成就人们本真善美的生活形态，而这些生活形态具有各种各样的风格。在《礼记·经解》中，六艺大用表现为诗教的"温柔敦厚而不愚"、书教的"疏通知远而不诬"、乐教的"广博易良而不奢"、易教的"絜静精微而不贼"、礼教的"恭俭庄敬而不烦"以及春秋教的"属辞比事而不乱"等本真形态。而史学则奠基在春秋教、书教、礼教三教之上，而为三教的支流，因此史学会以"属辞比事"（即考察政事之名位名号并以言辞匡正之，以及因应各种事情而立进退予夺等大义）、"疏通知远"（即疏通政事之大纲大义以及知晓古代风教名物）、"恭俭庄敬"（即简要展示出典章制度所涵具的本源本真之意蕴）作为它主要的学科任务。但是，相对于六艺圆教，史学极有可能由于内容的侧重、范畴的界划而从圆教中脱落出来，使得性德未能全体通达出来，从而"属辞比事""疏通知远""恭俭庄敬"的本真风格变异并流失为"乱""诬""烦"。所谓"乱"，就是后世的史学往往耽于描述历史事件，而不深究其中的义理，因此迷乱了事情的本相，失去了春秋教中拨乱反正、属辞比事而不乱的宗旨和风格。所谓"诬"，就是六艺中书教在论述史事与政治时，往往重视德性而不重物质、力量等，但后世史学往往通

170

过各种肤浅的历史观念和史学方法，重视利害计算，而鄙弃德性评判，于是容易流于诬妄之说。所谓"烦"，就是史学在记载典章制度时流于烦琐，而失去了礼教清通简要的风格。因此，史学可以说是源于六艺而又有流弊。马一浮总结说："编年记事出于《春秋》，多存议论出于《尚书》，记典制者出于《礼》。判其失亦有三：曰诬，曰烦，曰乱。知此，则知诸史悉统于《书》《礼》《春秋》，而史学之名可不立也。"

最后说集部。马氏指出，集部以文辞为主，有诗、书二教（特别是诗教）的遗意。因为诗教是性德（即仁）有所感通而展现出来的本源善美的音声言语，因此"诗是声教之大用""诗教主仁""诗以感为体"。以仁之感通为基础的诗教，体现出了《礼记·经解》所说的"温柔敦厚而不愚"的宗旨和风格。但后世的文学家、诗人往往未能见性，对于性德本体不能有深切的领会，仁心感兴的机制得不到通畅的舒展，因此所感、所思的内容未能博大精微，其所发出来的言语便容易失去温柔敦厚之旨。诗教之大用于是变异为偏小之用，温柔敦厚变异为顽愚憨直，也即《经解》中所说的"诗之失愚"。同时，集部也为书教所摄，因为诗、书二教是互通的。古人音声知政，可见音声通于书教。合起来说，集部摄于诗书二教，而集部之名也可不立。

总之，马一浮认为，传统学术将国学分为四部之学的方法是有问题的。四部之学其实都是六艺圆教所分化、变异出来的各种学术形态。如果要溯本追源，则经史子集四部皆统于六艺。综言之，国学即是六艺之学。

六艺统摄西学

在马一浮看来，六艺不仅统摄中国一切传统学术，而且也统摄西方一切学术。既然性德是天地人生的根源，既然性德是人人所本来具备的，既然性德所流淌出来的六艺之道充盈于天地之间，既然一切都是六艺的体现，那么人类的一切思想无不是性德与六艺的不同方面的展示而已。当然，正如前文所强调的，这里所说的六艺并不限于作为经典的"六经"。

马一浮早年游学美日，广泛了解西方哲学思想，但事实上他对西学缺乏严格的训练与深厚的素养。不过，马一浮本于他的国学修养，对西方学术有一个耐人寻味的洞见，那就是他认为西方哲学与文化"悉因习气安排"，因此"从来无人见性"。在马一浮的思想中，性德是最根本的思想基础，因此"不见性"就意味着西方思想遮蔽和失去了源头活水。由于西方在源头处有所差失遮蔽，于是影响到后来西方思想每走一步，都不能本真无妄，都是"习气安排"，最终走向封狭，使各学科"各有封执而不能观其会通"。正因为西方思想文化不能见性，不达本源，是性德运行的一种变异与遮蔽形态，所以以性德的全体开展为基础的六艺得以统摄整个西学。

西方二希（希腊、希伯来）传统开出哲学、科学、宗教等思想学术。因篇幅所限，在这里我们仅考察马一浮所提出的"六艺统摄自然科学"，看看他是怎样说明这一论题的。马氏认为，性德之流行，是通过"象"的形式体现出来的，有了"象"，而后才有"数"。象的周流、牵引、伸缩与出入，使易教得以成立。自然科学以数目、数量、时间、空间等为主要的研究范畴，这些范畴其实都是象的各种形态，因此自然科学与易教是相通的。但是话说回来，这些范畴，是由于自然科学对象数采取了一种现成性的观看领会方式，从而将其对象化、现成化、固定化。这是对本源的象数的一种执着与遮蔽形态。由此，象数的基础即性德隐退了，象数的流行性、涵摄性给消囿了，科学的工作便容易收缩为仅仅对对象化、固定化的象数的数学筹划、范畴界说。但是，只有奠基在一个性德开展出来的本源象数的流行境域上，对象数的现成化、固定化才是可能的。因此，自然科学不但与易教相通，而且也统摄于易教，前者往往是后者的变异与衍生形态。科学有所封执，因此难以见性。

除了论述自然科学为六艺、易教所统摄外，马一浮还体认出哲学统摄于《易》、社会科学统于《春秋》、宗教统于《礼》等论题，今不详述。

马一浮所提出的六艺统摄西学、西学未能见性等判教论题，在熊十力以及后来的牟宗三、唐君毅等人处都能找到相应或相近的内容。熊十力曾有"性智"与"量智"之分，并指出由性智可建立玄学，由量智可建立科学。量智的构划以对象化、客观化为基础，并不能见性见体，如要见体，则需要靠性智。同时从根本上说，量智原来即是性智的发用，因此性智可统摄量智。可见，熊氏之科学不能见体之说，与马氏之说具有内在一贯性，只不过后者是在六艺与易教的背景下加以阐发罢了。后来牟宗三发扬熊十力的思想，进一步提出两层存有论（执的存有论与无执的存有论），并会通《起信论》一心二门（心生灭门与心真如门），建立起以中国文化为本位、会通西方科学民主（此属生灭门、执的存有论）的大综合。这也与马一浮六艺统摄西学、六艺统摄科学等判教观相接近。

但是在判教上，马一浮与熊十力、牟宗三也有差异。马一浮相当强调儒家六艺的本位立场，相当强调科学、哲学的虚妄性并过分排拒之，倾向于"摄用归体"的收摄性方向。

相比之下，熊十力，特别是后来的牟宗三、唐君毅等人，则在此基础上对科学与哲学等有所重视并有具体的考察，同时在某种程度与条件上对它们给予肯定，较倾向于"从体起用"的开拓性方向。现在看来，马一浮并不关注和辨析传统文化与科学的融通、曲通的环节与过程，而是一步到位、自说自话，这种取向在当代的背景下，明显是薄弱与贫乏的，其保守性与局限性也自不可掩。

六艺判教反思

本章对马一浮六艺判教论的主旨、判准与内容作出了疏释。由此可见，六艺判教论是在六艺论的基础上引申建立起来，并具有整体性、脉络性与丰富性的现代新儒学判教系统。六艺论关注近现代的意义危机，由此展示出一个本源本真的意义机制，试图让人们回归天人性命的本源处，有以贞定并开显出充实善美的生活世界与意义世界。同时，以儒家六艺为本位，则必然引申出判教的论题，通过判析各种学术系统的殊胜与高下，各种系统得以各安其位，并让六艺在学术与文化的脉络中得到真切呈现，从而更丰富体认出六艺意义机制的真切性与生命力。

六艺判教论有其思想价值。首先，它对中国文化有整体、本源的考察与疏导。我们历来对传统文化即国学的界定都不甚分明，且缺乏义理脉络。马一浮楷定国学即六艺之学，并疏导出诸子、四部皆六艺，结构井然、义理昭著。这对中华文化的贞下起元与全面复兴，对和谐的社会与文化的重建有重大贡献。熊十力对马一浮的六艺判教也给予了充分肯定，他说："马先生道高识远，吾非虑其有所拘也。前见所拟书院草案归本六艺，吾国诸子百氏之学其源皆出六艺，马先生所见甚谛。今后如欲新哲学及新文化之启发，虽不得不吸收欧化，要当滋植固有根荄，方可取精用物。"这指出了六艺判教论在中国文化进行现代性转化的过程中的重要价值。其次，六艺判教论是近现代学术判教的典范。它以性德为本源与基础，辨析思想源流，又将各种思想源流汇归本源，这可以说是对明清之际的大儒黄宗羲"一本万殊"的学术史观的继承与扩展。较之黄宗羲，马一浮所处的时代则是天人意义遮蔽湮晦、文化生命濒临湮没的时代，因此更广阔、更深入的"一本万殊"的判分势在必行，六艺判教论所判弥广。不过，马一浮并未如黄宗羲一样对每一学说都条分缕析，而只是举出其判教大略，这表明他的判教工作尚未完成。

六艺判教论也有不足与局限性。首先，在中西文化的判析上，马一浮的六艺判教论虽然指出了中西一切学术皆统摄于六艺，但其胜场还是落在对中土传统学术的判析统摄上，而对西方学术，则过度强调它的负面性与虚妄性，这与后来牟、唐擅长辨析与吸收西方与现代学术的情形相反。这体现了马一浮对传统文化体认的深入与娴熟，也表现出了他对西方与现代学术缺乏具体的研究考察。他的六艺统摄西学的说法多只是停留在洞见上，而并不深究其内在脉络和肌理，这无疑影响到我们对六艺判教论的学术价值及其现代意义的确认。其次，在判教的内容上，六艺判教论因为洞见有余，辨析不足，因此容易流入独断与空疏。当代社会的语境情景，与 20 世纪有了很大的变化。当代社会讲求多元、对话、沟通、互动，学术界的任务与责任更为繁重，学术界在学术规范上对自身的要求也更高。因此，继承马一浮六艺判教论的成果，弥补其欠缺与不足，批判其过分强调儒家六艺本位的立场，这对中华文化的和谐赓续、人文世界的丰富扩展不无裨益。

第 7 章

六艺论述要之三：六艺互摄论

诗教以感兴通于六艺

前文已经简述了马一浮六艺论作为意义机制、作为判教系统的内容，由此，我们对六艺论的基本面已经有了一个大体的了解。不过，这两个内容都是从整体上考察六艺论，而没有对六艺中每一艺作出具体深入的研探。实际上，马一浮对于六艺有宏观的展示，也有微观的论述。他在《复性书院讲录》一书中，特别通过对《论语》《孝经》《礼记》《洪范》《易传》等经典文本的重新诠释，逐一呈现出他所认为的诗、书、礼、乐、易、春秋六艺的不同的思想特色和取向，同时将其置入六艺作为意义机制这一脉络中，从而论证和丰富了他的六艺论，使得其六艺论不至流于一个空架子。

马一浮对于六艺的具体论述，是如何与他的六艺论的整体结构相关联的呢？这就引申出他的"六艺互摄论"。六艺互摄论也是六艺论的重要组成部分，其主要思想是：考察六艺中的每一艺，都可以发现它在本源上是与整个六艺相通的，也就是说六艺可以互摄统摄。六艺互摄统摄，印证和丰富了六艺是一个圆融互构的意义机制这一论题。在本章中，笔者在六艺中选取诗教和易教为例，看看马一浮是如何具体论述诗教和易教各自的思想特色，以及怎样以此论述其六艺互摄论的。之所以要以诗教和易教为例，是因为马一浮自己认为学者对于六艺的学习，应有轻重缓急之序。他认为"六艺之教，莫先于《诗》"，由诗而感发兴起，可以识仁，因此自诗教可以通达六艺之全体。诗教之外，马氏还特别重视易教，他认为"《易》为六艺之原，亦为六艺之归"。现在首先分析马氏诗教观及其诗教通于六艺的思想。

在马一浮看来，如果要把握六艺思想，首先要从诗教入门；同时，如果诗教入门了，学者进而可以从诗教而达致对于整个六艺的把握。这是如何做到的呢？他指出，其中的秘密在于诗教具有一个"感兴"的意义引发机制，通过感兴的作用，本源之诗得以流淌出来，这种意义的流淌最终会流出整个六艺之道。同时，诗教之所以有感兴的作用，原因是

"诗教主仁"。综合说来，诗教具有一个"仁—感—兴—诗"的意义引发机制，通过参与这个机制的运作，人们可以"识仁"，因此"诗教主仁"。下面将对此作出详细说明。

马一浮认为，仁作为性德之全，是天地人生的本源，是人之为人的基础，人们可以通过修养功夫，成就自己，成全自身，使自己复归于仁，全体是仁。而当他"全体是仁"时，他就活动在最本己、最本源的性德境域中，这个境域灵妙深微、活泼自如，随时会形成一个灵动如神的发动态势与流行天机。马一浮将此形容为"其机不容已"的"天理发动处"。而这个天理发动处因为相当灵妙，所以一有所感发触动，便会立即有所伸展形显，并流出本源本真的意义来。这种引发的过程，马一浮称之为"感"。而"感"的效验则是"通"，也即意义自然无碍地流淌通达而出。这种意义是原初的，也是至真至善至美的，也是"无不得其正"的，从而使得"天地感而万物化生""圣人感人心而天下和平"，最终成为天地、人物所以安顿、化生、和平的根据与源泉。

同时，因为仁的流动、性德的开展，是灵妙不测、无方无所的，因此仁的感通并不是单向的、直线型的，而是神用不测、无所不通、无所不至的。这种"通"与"至"的感通形式构成了"心之所之""心之所向""心之所至"，这就是"志"。因此感也即志，此马氏所谓"志即感也"。而感、

180

志同时就是诗的本源构成环节，因此他甚欣赏《礼记·孔子闲居》篇孔子所说的"志之所至，诗亦至焉"之语。感无所不通，故志无所不达。马一浮对"志"有过精彩的展示，他解释孔子"志之所至"之"至"说："至有三义：一来义，二达义，三极义。湛寂之中，自然而感，如火始然，如泉涌出，莫之能御，此来义也。如水浸润，竟体皆濡，如光照耀，幽暗毕烛，更无不到处，此达义也。如登山到最高顶，如涉水彻最深底，过此更无去处，此极义也。"仁的感通、志的通达，是无所不至的，马一浮用"来""达""极"三个字竭力展示，并且以"如火始然""如泉涌出""如水浸润""如光照耀""如登山到最高顶""如涉水到最深底"等等流动遍满的意象，开显出一个"莫之能御""竟体皆濡""幽暗毕烛"的意义之流。

因为有"感"与"志"这个诗教的首要环节，因此意义的流动得以充分地酝酿与流淌，意义的酝酿进而会达致饱满的状态，于是愈发具有伸展隆出的倾向，并最终成就为"起"。换句话说，这个"起"就是意义之流自然地伸展隆起，有如竹笋从泥土中自然隆起一样。马一浮描述道："'起'之为言从体起用也。本体既显，则大用繁兴，真照无边，应缘不碍。比之橐钥，虚而不屈，动而愈出；亦如月影遍印千江。""感""志"是"本体"，在这个阶段，意义的流动尚处于幽微之中；而"起"则是"大用""从体起用"，这时候意义的流动显发为生活之大用。

事实上，这个"起"就是"兴"，此马一浮所谓"感而后兴""'起'即兴起之义"。如果说感是性德自身之隐微流动的话，那么兴则是因为性德发用为显明的物象、现象，从而需要以因应众缘、牵托物象的方式将意义之流活泼地显发出来。此即马一浮所谓"托物起兴""诗人所感，每以眼前景物兴起"。同时，正因为感之周遍圆满、兴之无所不达，所以所兴之物也是顺手拈来、随兴所至，所谓"随物所见，即物起兴，信手拈来便是"。大至天地山川鬼神，小至鸡犬草木虫鱼，悉可自如地收编为所兴之物，故能范围天地而不过，体物而不遗，同时却又总能自然超妙，浑然天成。

如果人有所感、有所兴，那么他便已经参与到性德兴发起来的意义之流中去了，从而与天地万物相生相参。那么，他是以怎样的方式去参与的？那就是形之于声、出之于言。这是本源之声、本真之言，也即是参与、构成、组建起意义流行与开显的声与言。这种原初的声言，就是原初的诗。因此马一浮谓"《诗》以感为体，令人感发兴起，必假言说，故一切言语之足以感人者皆诗也"。这种原初的诗言、诗声，就构成了本源的诗教，而诗教能够启发人们回归至本源之善、本真之仁上去。

182

前文展示了马一浮诗教"感兴"的意义引发机制。这个机制开始于仁，完成于诗，表示如下：

仁——→感（即志）——→兴（即起）——→诗（即音声言语）

总言之，诗教的展示过程，就是意义的充实流行的过程。这对于现代社会的人们来说，具有意义治疗的作用。换言之，诗教能让意义与价值缺失的人们进入一个"仁—感—兴"的流动机制，并被熏陶、兴起与充实，由此唤起人们所本具之仁德，并扩展成为充实善美的生活与人生。对此马一浮有精彩的论述，他说：

> 人心若无私系，直是活泼泼地，拨着便转，触着便行，所谓"感而遂通"，才闻彼，即晓此，何等俊快，此便是兴。若一有私系，便如隔十重障，听人言语，木木然不能晓了，只是心地昧略，决不会兴起，虽圣人亦无如之何。须是如迷忽觉，如梦忽醒，如仆者之起，如病者之苏，方是兴也。兴便有仁的意思，是天理发动处，其机不容已。诗教从此流出，即仁心从此显现。

受到诗教所熏陶、所感发的人们，更容易消除因虚妄的私欲习气而形成的"迷""梦""仆""病"的状态，从而获得"觉""醒""起""苏"的状态，这是仁的感通、意义的流动所带来的畅快与喜乐。这时候，人们才找回并获得真正的自己，也即回归于仁，达到识仁的效果。这时候，诗教的作用也就基本完成了。因此马一浮认为，诗教可以识仁，同时，"学者第一事便要识仁，故孔门问'仁'者最多"，所以"六艺莫先于《诗》"。

诗教一方面可以治疗人们意义缺失的危机，另一方面，诗教感兴的意义引发流行机制并不会停止下来。意义经过交织与流行，使诗教进一步成就更为丰富完备的意义结构与意义世界。这个意义结构与意义世界，也即六艺之道。在这个基础上，马一浮断言可以"由《诗》以通六艺""六艺之旨，《诗》实该之，诗教之义大矣哉"。他指出，诗教通于六艺之义，在《礼记·孔子闲居》中所引孔子的话可以体现出来："孔子曰：志之所至，诗亦至焉；诗之所至，礼亦至焉；礼之所至，乐亦至焉；乐之所至，哀亦至焉。哀乐相生，是故正明目而视之，不可得而见也；倾耳而听之，不可得而闻也。志气塞乎天地。此之谓五至。"孔子指出，由"志"所牵动兴起的诗言，能够通过自我酝酿、充实与流动，通达为礼、乐、哀等德相与气象（志气），而这诸多的德相与气象乃充塞于天地之间，令天地万物得到安顿与化育。实际上，这段话就是《论语》"兴于诗，立于礼，成于乐"的扩展版。马一浮认为，这段引文其实也蕴含着《诗》通六艺的思想。

他说:

> 此之德相,前后相望,示有诸名,总显一心之妙,约之则为礼乐之原,散之则为六艺之用。当以内圣外王合释,二者互为其根。前至为圣,后至为王。如志至即内圣,诗至即外王;诗至即内圣,礼至即外王;礼至即内圣,乐至即外王;乐至即内圣,哀至即外王……交相融摄,不离一心,塞于天地,亘乎古今。易言之,则《诗》之所至,《书》亦至焉;《书》之所至,《礼》亦至焉;《礼》之所至,《乐》亦至焉;《乐》之所至,《易》亦至焉;《易》之所至,《春秋》亦至焉。五至之相,亦即六艺之所由兴也。五至始于志,故六艺莫先于《诗》。言《礼》《乐》而不及《书》者,明原以知委,举本以该迹。言《诗》而《书》在其中,言《礼》《乐》而《易》与《春秋》在其中也……全其体则谓之圣,尽其用则谓之王,摄于志而主乎仁则谓之诗,被于物而措诸万事则谓之六艺。

通过马一浮的诠释,《孔子闲居》篇的"五至"被推演为以诗为发端的六艺之道的生成过程。具体说来,志至则《诗》至,因为志之感兴是《诗》之体。而孔子《诗》至则《礼》至,其实是《诗》至则《书》至、《书》至则《礼》

至的简略说法。因为"《诗》通于政，以《诗》统《书》也""书教之旨，即是立于礼。孔子曰：'道之以德，齐之以礼。'凡一切政典，皆礼之所摄"。同时，孔子礼至则乐至的说法也蕴含了易与春秋二教。马氏认为，易教主要是要发明阴阳屈伸之义，所谓"《易》为礼乐之原，言礼乐，则《易》在其中，故曰'明则有礼乐，幽则有鬼神'也"，鬼神实即阴阳屈伸，而礼乐之相生也即是阴阳之正反屈伸，而此正反屈伸则是易教的思想。同时，"《易》之所至，《春秋》亦至焉"，这是因为《易》显天道，《春秋》明人事，"此理自然流出诸德，故亦名为天德。见诸行事，则为王道"，不能明天德就绝不能明王道，因此"《春秋》明人事，即性道之所流行"。由此，"六艺之教，始于《诗》，终于《春秋》"，自诗教所开显、牵引、通达出来的六艺互摄义得以完全彰显出来。

易教以观象通于六艺

从教与学的角度说，六艺之教莫先于《诗》；但如果要从思想的角度来考察，则六艺之源莫先于《易》。

在马一浮看来，易教的含义相当丰富，但总结起来则如《易传》所说有四大方面：辞、变、象、占。他认为这四大方面都可以归结为"象"。《周易》中的太极就是一心之象，八卦就是万物之象，天地山泽、刚柔上下、健顺动入等都是象，盈天地之间都是象，因此可以说整部《周易》就是发明"象"的经典。学者如果想对易教有所把握，那一定要"观象"，而观象之要领应该在发明《周易》大义的《易传》一书中寻找。马一浮总结说："天下之道统于六艺而已，六艺之教终于《易》而已。学《易》之要观象而已，观象之要求之《十翼》而已。"

那么，学者究竟如何观象？观象应从何处观起？汉代的儒者和周易研究家也很重视象数，那么是否应该按照汉儒的说法研究象数？马一浮指出谓"吾讲观象，刊落枝叶，直抉根源"，"皆是提出一个大头脑，直接本源之谈"。相对之下，他认为汉儒的象数之学不但太过烦琐，而且多不明心性、不见本源，导致他们的象数之学往往流为一种外在的宇宙论。他指出，真正的观象之法其实相当简要：首要的观法是观《周易》上经的前两卦即《乾》《坤》，其次就要观《周易》下经的前两卦即《咸》《恒》。

首先，观象之初门在于《乾》《坤》。马一浮说："体《乾》《坤》，则能知《易》矣，是以观象必先求之《乾》《坤》。"又说："'乾道变化，各正性命'，非精义入神，其孰能与于此？此性命之原也。如是观者，是名贞观，此观象之初门也。"换言之，观象首要的一步就是要考察领会《乾》《坤》的运行变化情况，因为乾坤变化就是万物性命之源，同时乾坤变化也是象的起源与发端。马一浮指出，从"乾道变化"再往上推，那就是"太极"。太极是乾道变化的源头，但是太极本身不可名、不可状，是无象的。而这太极，用宋明理学的术语说明，就是"心"，因此马一浮甚欣赏宋代易学家邵雍"心为太极"的说法。那么，心或太极既然是"无象"，为何自己却能"生"出象来？马指出，其实太极也是象，只是象而未形显的状态而已，这个状态是纯粹的"理""性""本体"的境域，但是这个天理境域已经蕴涵着气了，只是气在这个状态中未显现出来而已。他说："未见气，即是理，犹程子所谓'冲漠无朕'（朕即朕兆、预兆）。理气未分，可说是纯乎理，然非是无气，只是未见。故程子曰：'万象森然已具'。""冲漠无朕"与"万象森然已具"，说明了太极或心是一个几微灵妙的境域和状态。

在这个几微灵妙的境域和状态中，不但象未曾形显，而且动与静也未完全显发出来。因此这是一个"寂然不动"的状态。但这里的"寂然"，并不是死寂之意，而是虚寂灵妙、寂而常照、寂寂惺惺的意思，马一浮谓"此心常存，体自湛寂。湛寂之相，乃其本然，唯寂始感"。这湛寂的本体洁静精微、灵澈幽妙，于是自然能有所感、有所动。既有所感动，就能够托显出一个阴阳、动静之象对比互摄的意义发生与组建机制，这时候象就形显出来了。马一浮说："心本象太极，当其寂然，唯是一理，无象可得。动而后分阴阳，斯命之曰气，而理即行乎其中，故曰'一阴一阳之谓道'。"这里，马一浮展示出了意义的发生与组建机制的原初环节。心或太极最初因为有感有动，从而由寂然一理而展示出阴阳二象。而阴阳二象自然地会形成对比、变动、互补、交生的关系，于是成为流出意义的源泉。这种交生互补关系是不间断、不止息的，所以象的显现、展示与充盈也是无穷不尽、神变不测的，《易传》一书就指出两仪（即阴阳）生四象、四象生八卦、八卦之行布、刚柔、上下、进退、变化又展现为六十四卦之象……在马一浮看来，象的显现、展示与充盈，最终生成和安顿了整个天地宇宙、人生万物，"天地万物由此安立"。

那么观象之"观"又是如何"观"法？在马一浮看来，讲"象"则"观"自然在其中了，因为"人心之善端，即是天地之正理"，心或太极作为本源，既然是天地之心，同时也是一人之心、人的仁心本体。另外，前文说过，象的流行即是心的通达与开显，因此象即心之象。天地之心即是一人之心，因此象的生发流行即是一人之心的生发与流行，易生两仪、两仪生四象、四象生八卦、八卦生万物，其实都是仁心的通达与开显而已。马一浮说："应知天地者，吾心之天地也；万物者，吾心之万物也；幽明者，吾心之幽明也；生死者，吾心之生死也；鬼神者，吾心之鬼神也；昼夜者，吾心之昼夜也；神是吾心之神；易是吾心之易。此之谓'性命之理'。与此理相应为顺，不相应则违。顺此理则人道可得而立，违则'易不可见'而'乾坤或几乎息矣'。"从这里可以引申认为，每个人其实都不可避免地在参与着天地之象的兴发流行与意义的生成组建的过程。

不过，每个人虽然都不可避免地参与着象的生发与流行，但人是一种可能性的存在者，他既可以打开并保有他的仁心性德，也可以遮蔽他的仁心性德，前者成就自己，造就出本真本源之象，后者虚妄无实，往往陷入险阻悔吝之象中而承受不良的后果。这完全取决于心的能力与抉择。《易传》中有"变动以利言，吉凶以情迁，是故爱恶相攻而吉凶生，远近相取而悔吝生，情伪相感而利害生"的话，马一浮对此解释说："曰攻、曰取、曰感，皆指一心之动象，所谓情也。迁即易也。吉凶、悔吝、利害皆无定而可易，及其已形已见，则定矣。""动而得其理，则阴阳、刚柔皆吉；失其理，则阴阳、刚柔皆凶。故阴阳有淑慝（慝指邪恶），刚柔有善恶。"攻、取、感也是象，是人心的变动之象，而这些象并非本真本源之象，是人心因为"失其理"而形成的，所以只是本源之象的变异形式，会进一步生起凶悔吝等险阻的非本源之象。马一浮认为，这个时候"观"的作用就很重要了。君子如有虚妄之动，便能够自我观照并领会出凶悔吝等险阻之象的危害性，于是戒慎恐惧，并通过反身修德的修养工夫得以见性、复性，从而回归到仁心性德上去，让自身全体是仁。性德本体既已莹澈显照，人心既已"得其理"，就自然能够转化、消除攻、取、感等虚妄之象，使之成为本真本源之象，从而使所发之象吉无不利而无凶悔吝。因此，通过观的作用，君子得以参与到起本源之象的兴发与本真意义的流行中，从而安顿天地万象，参赞天地化育。

马一浮进而认为，君子因为观象之功，能够通过观省修养工夫，随时随地得其理并兴发起本源之象，组建起本真之意义，从而使阴阳、刚柔之象皆吉。而从八卦的角度说，阴阳之象即是乾、坤之象。而这乾、坤之象，以气之流形言之，即是天、地之象；以德之力用言之，即是健、顺之象。这些本源之象是仁心性德的全体通达与大用流行，会生起更为丰富善美之意义——盛德（大乐）与大业（大礼）。马一浮广泛引用《易传》的话解释说：

> "乾知大始，坤作成物。乾以易知，坤以简能。易则易知，简则易从。""易简而天下之理得矣。天下之理得而成位乎其中矣。"（原注："成位"犹言

成性、成能。）"夫乾确然，示人易矣。夫坤陨然，示人简矣。爻也者，效此者也。象也者，象此者也。""夫乾，天下之至健也，德行恒易以知险。夫坤，天下之至顺也，德行恒简以知阻。"由此观之，险阻者，易简之反也。得之以易简，失之以险阻……君子得乾之易以为德，故可久；得坤之简以为业，故可大。可久故日新，可大故富有。"乾知大始"，故主乎知而为乐。"坤作成物"，故主乎行而为礼。"知崇礼卑，崇效天，卑法地"，故乐由天作，礼以地制。大乐必易，大礼必简。明乎天地，然后能兴礼乐。和且序，夫何险阻之有？此谓吉凶贞胜，此谓盛德大业。

乾为纯阳之卦，表现为"至健"之象，因此能够始物而易知；坤是纯阴之卦，表现为"至顺"之象，因此能够成物而易从。君子如果能够保持仁心性德，动必以理，那么就不但能生发出本源善美的阴阳、刚柔之象，进而获得乾之易知并成就刚健日新的善德，也能够获得坤之简能并成就充盈富有的善业。由此，君子获得了乾坤易简之德，从而更深广地参与象的显发与意义的生成过程。在这个过程中，君子仍然需要"观"的作用。他修省恐惧，深观乾卦"易"之象，从而避免陷入"险"之象；深观坤卦"简"之象，从而避免陷入"阻"之象，最终保证乾坤盛德大业充满并落实下来。而"礼乐"则是乾坤盛德大业的自然结果。这是因为乾有易知之德，易知则能和，因此乾"主乎知而为乐"；坤有成物之德，成物则有序，因此坤"主乎行而为礼"。又天地是乾坤之象，天的崇显之象能够兴发出乐，也就是《礼记》中所说的"乐由天作""大乐必易"；地的卑顺之象能够兴发出礼，也就是《礼记》中所说的"礼以地制""大礼必简"。因此，乐之和与礼之序是从乾坤天地而来的，观乾坤之象，最终能够获得盛德大业，盛德大业则生出礼乐之道。

总言之，在马一浮看来，君子通过对于乾坤之象的观省，最终获得盛德大业，而盛德大业则是礼乐之源，因此《易》就是礼乐之源。他总结说："德业者，体用之殊称，知能之极果，亦即礼乐之本源，乾坤之大法也。"

观象之初门在于《乾》《坤》，而要登堂入室则需要通过《周易》下经的前两卦《咸》《恒》。马一浮认为，君子如果要崇德广业，就必须以言行为重，《咸》《恒》二卦就是言行的准则。他说：

> 知《易》斯能用《易》矣，尽性斯能至命矣。
> 观《乾》《坤》则知其用备于六子也，顺性命则知
> 其理不离五事也。盖六子各得《乾》《坤》之一体，
> 故欲体《乾》《坤》则必用六子。五事并出性命之

一源，故欲顺性命则必敬五事。效《乾》《坤》之用者莫大于《坎》《离》，顺性命之理者莫要于言行，故上经终《坎》《离》，下经首《咸》《恒》。圣人示人学《易》之要，所以"崇德广业"者，必以言行为重也。天地之道，所以行变化、成万物者，雷、风、水、火、山、泽是已；人之道，所以定吉凶、生大业者，视、听、言、貌、思是已，岂别有哉！

仁心性德自如地通达出乾坤易简之象，天地宇宙因此得到安顿；而乾坤之象的交会、互摄、流行，则显现为"六子"（即八卦中乾坤所生出的其余六卦：震、巽、坎、离、艮、兑），六子分别相应为雷、风、水、火、山、泽之象。这六子之象，可以说是象的进一步兴发与充盈，在刚柔相摩、八卦相荡、鼓以雷霆、润以风雨、日月运行、一寒一暑的变化之中，六子之象得到交会与流行，从而行变化、成万物，天地万物得到进一步的成就与安顿。这既是"天地之道"的展现，也是"人之道"的展现。天地之道通过六子成就万物，而君子则通过观省六子之象，通过视、听、言、貌、思"五事"成就自身。但这是如何可能的呢？

首先，"五事"的说法出自《尚书·洪范》篇，《洪范》指出人要"敬用五事"。马一浮则将《洪范》的五事与《周易》的八卦相配，指出"今以五事配八卦，明用《易》之道，当知思用《乾》《坤》，视听用《坎》《离》，言用《艮》《兑》，行用《震》《巽》"。这种说法是马一浮的创见，但他辩解说这只不过是"称理而谈"，发先儒未发之蕴而已。

先就"思"而言，为什么"思用《乾》《坤》"呢？马氏认为，"顺性命之理者，必原于思。思通乎道，则天地定位之象也，亦乾君坤藏之象也"，因为"资乾以为知，资坤以为能。思也者，贯乎知能，即理之所由行也"。乾坤生出易知简能，而知与能的展开都不能离开思的作用，君子通过思的作用，成就了乾的易知和坤的简能，而乾坤知能则展示为天理天道之流行，因此思用《乾》《坤》。同时，马一浮指出，"思"也要有思的方法，所谓"汝若不思，同于土木；汝若邪思，则为凶咎。思睿作圣，乃知天命"，"不思"和"邪思"都是思的变异和衍生样式，不思则不能让仁心性德通达出来，邪思则背离本源之象而陷入虚妄之象，生出凶咎，因此要"善思""睿思"，才能用《乾》《坤》。其次，为何"视听用《坎》《离》"？马一浮认为《坎》《离》为流水、明火之象，而耳之听与眼之视是与水火相应的，所谓"视极其明，听极其聪，声入而心通，物来而自照，此水火相逮之象也""人之视必有所丽（附丽、附着之意），如火之必丽于薪。听则远近无隔，如火之有然灭明暗，水则不

195

舍昼夜，此《楞严》所以赞耳根圆通也"。再次，为何"言用《艮》《兑》"？这是因为"《艮》止，《兑》说""或默或语，《艮》《兑》之象也"。《艮》为山之象（重为六画卦则为兼山），《兑》为泽之象（重卦则为丽泽），山有止息沉默之意，泽则有悦乐之意，悦乐则需要言语，所以言语之道与《艮》《兑》二卦相通，马氏谓"观于兼山而得内外皆止之象，则动静、语默一如，莫非止也。观于丽泽而得彼己皆说之象，则主伴相融、机教相感，莫非说也"。最后，为何"行用《震》《巽》"呢？马一浮认为，五事中的"貌"即"行"所表显之象，因为"发于心则谓之动，形于事则谓之行，见于威仪四体则谓之貌"，因此"行"与"貌"是相通的。而"行"则是《震》《巽》之用，因为"《震》起，《巽》伏""或出或处，《震》《巽》之象也"，《震》为雷之象，《巽》为风之象，雷即起之象，风即伏之象，雷风的互动亦即或出或处，皆是"行"之用。由此，马一浮展示出五事作为人之道，乃本源地参与到乾坤六子之象的意义生成中去了。

　　同时，马一浮认为，视、听、言、貌（行）、思五事可以为言、行二事所统摄，因为"视听者，思之存；言行者，思之发。思贯五事而言行亦该余三，就其见于外而能及人者言之也"，思在五事中最为本源，这是因为"心之官主思，

196

四事皆统于一心,故思贯四事",而同时思所显发通达出来的是言、行之象,所以思贯五事,言行作为思之发,也得以统摄五事。因此,言行之象是乾坤六子生成流行机制的进一步显发与引申。前文曾说,在马一浮的易学思想中,君子观省乾坤易简之象而成就盛德大业,从而生出礼乐之道;而这里,乾坤的交会流行展现为六子之大用,意义得到进一步的生成流行,因此君子在成就盛德大业之后必然不会没事可干,君子的盛德大业必然会进一步落实为五事之用。换言之,君子通过"五事"这种观象方法继续参与到盛德大业的开显流行中去,而"五事"则又为"言行"所统摄,因此,马一浮认为要崇德广业则"必以言行为重也"。

言行是六子中《艮》《兑》《震》《巽》四卦之大用。如果说《周易》上经为《乾》《坤》二卦所主导,以显发"天之道"的话,那么言行作为观象之要,则涵摄了"人之道"。《周易》下经讲的主要就是"人之道",马一浮认为《周易》的作者将《艮》《兑》《震》《巽》四卦全部放在下经,其原因就在此。同时,他还指出,从整个六十四卦的角度来说,言行则是《咸》《恒》二卦之大用,因为主言的《艮》《兑》合起来就是《咸》卦,主行的《震》《巽》合起来就是《恒》卦。马一浮说:"合《艮》《兑》而成《咸》。'圣人感人心而天下和平',言之感以虚受也。合《震》《巽》而成《恒》,

'圣人久于其道而天下化成'，行之久而不易也。"

具体说来，"咸"也即"感"。《咸》卦由《艮》《兑》所组成，所以"感"必与"言"相通。如果要让人有所感，则需要有言，而由感兴发出来的言语则是原初的诗。因此马一浮认为《咸》卦蕴涵了诗教。笔者认为，马氏这种理解是有道理的。我们看看《周易·咸卦》的卦辞。初六象辞为"志在外也"，九三象辞为"志在随人"，九五象辞"志未也"，乃明显显示出"志"与"感"是相通的。志即感，此即古人所谓"诗言志"。因此，马一浮所提出的"诗以感为体"在《咸》卦中得到了体现。而《恒》卦则由《震》《巽》所组成，《震》《巽》主行，而《恒》卦的象辞则谓"圣人久于其道而天下化成；观其所恒，而天地万物之情可见矣"，久于其道必通过践行，因此《易传》也指出"默而成之，不言而信，存乎德行"，这就是马一浮说的"行之久而不易也"。同时，从《易传》中我们可以看出，"行"是与"德"联系在一起的，"行"即"德行"，"行"是"德"的通达与发用。马一浮认为，这说明《恒》卦蕴涵了书教，这是因为书教以德为本，他指出"《论语》'为政以德'一章，是《书》教要义。德是政之本，政是德之迹""六经总为德教，而《尚书》道政事皆原本于德"。马一浮的这种理解也是有道理的，《周易·恒卦》九三象辞为"不恒其德，无所容也"，六五爻辞为"恒其德，贞"，可以作为旁证。综上，在马一浮看来，君子通过言行的方式，也即通过《咸》《恒》二卦，进一步参与到意义的生发流行中去，并展现为诗、书二教，让君子的盛德大业流淌，进一步充盈于天地万物、天下百姓，成就人类真实善美的生活世界和意义世界。君子言行直接关系到人类本真善美的生活是否可能的问题，所以诗、书二教皆是孔子平日所常言者。

总言之，马一浮之论观象，首在《乾》《坤》，次在《咸》《恒》。他通过自己的论述，得出了诗、书、礼、乐四教都是根源于大《易》的结论。而六艺中的春秋教，马一浮认为也是易教所统摄的，因为《易》与《春秋》本来就是体与用的关系，所谓"《易》本隐以之显，即是从体起用。《春秋》推见至隐，即是摄用归体""《易》以忧患而作，设卦观象，系辞焉而明吉凶；《春秋》名伦等物，辨始察微，拨乱世反之正。故《易》之所作、《春秋》之所作一也"。由此，马一浮总结谓"《易》以《乾》《坤》统礼乐，以《咸》《恒》统言行，则《诗》《书》《礼》《乐》之旨在焉。'亦要存亡吉凶，则居可知矣'，则《春秋》之义在焉。故《诗》《书》《礼》《乐》《春秋》之教皆统于《易》，所以为六艺之原"。

马一浮还指出，《易》不仅是六艺之原，而且是六艺之归。在他看来，六艺作为意义机制，是以不易、变易、简易三易所奠定的。变易是指"全体起用"，也即仁心性德流出六艺大用；不易是指"摄用归体"，也即六艺归本于仁心性德；而实际上，全体与大用、全体起用与摄用归体本来就是相通的，是同一意义机制的隐显二义，也即"体用一源，显微无间"的简易义。因此作为六艺之原的易教也必然是六艺之归。马一浮说："知《易》'冒天下之道'，即知六艺冒天下之道，'无不从此法界流，无不还归此法界'。故谓六艺之教终于《易》也。"表示如下：

心 ——→ 易 ———→ 乾坤 ——→ 礼乐
（太极）   ———→ 咸恒 ——→ 诗书 ——— 春秋 ←—— 易 ←—— 心
                                        （太极）

　　通过本章疏解马一浮的诗教观和易教观，可略见其六艺互摄论。通过六艺互摄论，他丰富地佐证了六艺论的整体性、系统性与圆融性，也成为其六艺论的重要组成部分。当今学界对马一浮的六艺互摄论尚缺乏系统深入的研究，希望本部分内容在加深我们理解六艺论的同时，能够推动相关的研究。

第8章

六艺论述要之四：六艺论的当代价值

国学的反本开新

虽然马一浮对他的六艺论没有作出完整、充分、具体的发挥，但是经过我们的疏通和阐释，六艺论的主要内容和思想脉络得到了基本的呈现。在这个基础上，有必要确立六艺论在当代社会背景下的意义、价值和贡献。笔者认为，六艺论并不是一个单向度、单层次、封闭化的思想体系。它虽然扎根并立足于中国传统文化的土壤之中，虽然有时会显示出某些保守性和局限性，但总的来说它具有开放性、融通性与多元性的思想品质。凭着这些品质，六艺论能够激活中国传统文化的源头，使之流出清澈的活水，不断滋润当代社会的文化和生活，不断参与当代社会的各种事务。换言之，在当代的背景下，六艺论具有"反本开新"的作用。

在 20 世纪的上半叶，随着中国传统社会形态的瓦解和知识界对西方的过度崇拜，中国极端的反传统思潮甚嚣尘上，给中国社会和文化造成了深远的影响。不可否认，反传统思潮对中国传统文化和学术的批判是有其合理性的，它能够让国人反思自身文化末流所造成的负面作用，进而消除这些负面作用对国家、社会在现代化发展过程中所产生的不良影响，但是这种极端的反传统思潮已经在某种程度上动摇了"国本"。例如新文化运动通过"打倒孔家店""反对旧道德""反对旧文学"等口号，几乎是全面否定传统文化的所有价值。这种破坏性有余、建设性不足的激进文化思潮，其实并不能为中国社会的现代性转化提供深厚的思想支持。因为历史证明，任何国家和民族的重生和发展，都不可能建立在极端否认和破坏自身文化传统的基础上。只有本着合理的立场、负责的精神和严谨的态度，将自身传统文化放置在现当代的背景下，批判和弥补其不足之处，激活和展示其优良价值，使之与现当代社会有一个良性的互动，才能健康地促进自身、国家、民族的现代性和当代性转化。改革开放以来，中国社会所掀起的"国学热"和"寻根热"就体现出了中国社会的现当代发展确实离不开优秀传统文化的滋养。

不过，在 20 世纪上半叶的中国思想界，虽然充斥着激进的反传统思潮，也有少数学者坚持传统文化和儒学的本位立场，并主张在这个基础上吸收外来文化，建设新文化。这种思潮和思想被当代学界概括为"文化保守主义"。当然，文化保守主义内部具有复杂性，难以一言以蔽之，但是它无疑为当代的人们提供了思想上的借鉴。因为当我们在苦苦寻找自身优良的传统文化以促进当代社会发展的时候，许多文化保守主义者其实在数十年前就已经做了很多工作了。例如马一浮、熊十力、梁漱溟等人所建立起来的现代新儒学就是文化保守主义的重要的思想流派。现代新儒学都主张国学和儒学要"反本开新"。"反本"就是要寻找传统文化的源头活水，揭示它的优良价值；"开新"就是让传统文化这个源头活水流淌出来，滋养现当代社会的发展，而在这个过程中传统文化也老干发新枝，得以重生。因此，研究和发掘文化保守主义的思想贡献和当代意义，对于身处当代社会的我们无疑具有重要性和迫切性。

马一浮作为文化保守主义者，作为现代新儒学的重要代表，提出了富于创造性和系统性的六艺论，也体现出反本开新的作用和贡献，对当代社会具有重要的借鉴意义。六艺论的作用和贡献可分三方面来说：国学的反本开新、儒学的反本开新和文化的反本开新。

"国学"是指中国所固有的传统学术。然而，直到当代，如何界定国学，国学的内容如何，国学的含义如何，国学的意义如何，仍然比较模糊。其实，马一浮的六艺论已经展示了一套国学的整体观。马一浮对自古以来关于国学的四部分类法以及其他分类法并不满意，他主张返回国学的本源来对国学作出考察，他的考察结果是国学出自六艺之学，因此楷定了国学即是六艺之学。马一浮将国学楷定为六艺之学的做法，可以具体分为以下几个方面：首先，论证六艺是国学的源头；其次，指出如何理解六艺；最后，揭示六艺的普世价值。

马一浮曾经讨论过历史上林林总总的国学分类法，诸如经史子集四部分类法，宋明帝的玄儒文史"四学"的分类法，以及清人姚鼐义理、考据、辞章的分类法等等。他指出，这些分类法都是后起的，也即都不能反本溯源。这里所说的"后起"有两层意思，一是时间上的后起，就是说，中国传统学术在开始时并没有这些分法，这些分类和界定都是后来才总结概括出来的，但古人在开始时并不如此概括；一是思想上的后起，就是说，这些分类法都缺乏思想或义理上的有机联系，古人的学问最初其实是要人们明白义理的，但这些分类法多半不明"义理统类"，从而遮蔽了思想和义理的实情，如果继续沿用这些分类法去研究国学，就不能真正有效地弘扬国学。而无论从时间上考察，还是从思想上考察，国学的源头其实都是六艺之学，其他各种后起的分类法和学术形态都是六艺的变异和衍生形态。笔者认为，马一浮如此论证六艺是国学的源头，楷定国学是六艺之学的观点越来越被各种文献所证实。我们知道，马一浮曾引用传统的经典文献如《论语》《礼记》《庄子》《荀子》，来指出六艺是先秦诸子所共同遵守崇尚的学术经典。而当代所出土的先秦佚籍也证明了这个观点。1993 年在湖北荆门出土的战国楚简就有一段关于六艺或六经的论说，其云："礼，交之行述也。乐，或生或教者也。书，□□□□者也。诗，所以会古今之诗者也。易，所以会天道、人道也。春秋，所以会古今之事也。"这指出礼教是人际交往的规范，乐教能陶冶性情并富于教育意义，书教因缺字其旨不明，诗教融会了古今之心志诗言，易教究心于天人之际、天道人道，春秋教则融会了古今的历史事件。上述这种说法，与《庄子·天下篇》的"诗以道志，书以道事，礼以道行，乐以道和，易以道阴阳，春秋以道名分"的说法很是相近，可见六艺是先秦思想界所共同承认的学问。这批楚简还指出人伦的"六位"（父、子、夫、妇、君、臣）与德性的"六德"（圣、仁、智、信、义、忠）是相联系、相配合的，同时指出如果人们在人伦日用中践行"六德"，那么"六艺"也自然在其中了。其云："观诸诗书则亦在矣，观诸礼乐则亦在矣，观诸易春秋则亦在矣。"这种六艺体现在伦常生活中的观点，与马一浮的六艺论很有相近相通之处，值得研究。因此总的说来，马一浮将国学楷定为六艺之学，是有其文献上的依据的。

同时，既然马一浮将国学楷定为六艺之学，那么必然会与传统的"经学"发生联系，因为传统经学就是直接研究六经、六艺的学术形态。不过，马一浮的上述国学观决定了他对于六经、六艺的思想与传统经学有很大的差异。传统经学重视对于经典的章句注释、文献考证，马一浮认为这样的治经方法有其必要性，但放在现当代社会的背景下则是不够的。他强调的是要从思想和义理上反本溯源，也即要考察六艺的整体思想和义理基础，获得其义理统类，才能对六艺有真正的把握。他指出："若只据先儒旧说搬出来诠释一回，恐学者领解力不能集中，意识散漫，无所抉择，难得有个入处。所以要提出一个统类来，如荀子说'言虽千举万变，其统类一也'。《易传》佚文曰：'得其一，万事毕。'一者何？即是理也。"马一浮以义理统类来反本溯源，整体考察六艺之学，最终展示和论证整个六艺之道是建立在一理基础上的，整个六艺之道是性德的自然流淌，于是六艺就已经不是死的经典了，而是无时无刻不在运作着的，但我们却遮蔽了它的源头活水！这就是马一浮对于国学的"反本"工作而所形成的"开新"之运。经过马一浮六艺论的诠释，国学已经不是"零碎断片的知识""陈旧呆板的物事""勉强安排出来的道理""凭借外缘的产物",而成为"有体系的""活泼泼的""自然流出的""自心本具的"本源道理和生活导向！从这个角度理解国学，国学就成了人们生活和人生活泼的思想资源，成为人们实现生活和人生价值的思想动力，成为一种成德之教，从而与近现代学者将国学视为有待科学整理的史料的国学观区别开来。马一浮这种对于六艺、对于国学的理解，颇有点王夫之所说的"六经责我开生面"的意味（当然，根据马一浮的思想，他会说成"六经本自性德生"），体现出他对于国学传承和发展的文化使命感。

　　经过马一浮对于国学的反本开新的考察工作，国学成了生活、人生、文化的源头活水。同时，因为六艺是人人自心本具的义理，是人人性德自然流出的道理，人无分于东南西北，也无分于黑白棕黄，都一样有本心，都一样有性德，所以六艺虽然主要被先秦孔子所发挥，六艺虽然主要被中国文化传统所经验，但是它却具有可普遍化的普世价值。因此马一浮进而提出"六艺统摄人类一切学术"的判教命题，将六艺与国学的普世价值揭示出来。此正如汤一介先生所说："任何民族的学术文化都是在其特定的历史环境中形成的，它都是有其特殊意义的学术文化，而学术文化的'普遍价值'往往寄寓于各民族文化的'特殊价值'之中。既然学术文化之'普遍价值'往往寄寓于各民族文化的'特殊价值'之中，就此意义说'六艺不唯统摄中土一切学术，亦可统摄现在西方一切学术'（马一浮语），应亦可解。盖因'人同此心，心同此理'也。人类所遇到的问题常常是共同的，人类对解决这些问题的思考往往也是大同小异的。因此，我中华民族当然应由其自身学术文化中寻求有益于人类社会生活的'普遍价值'，别的民族文化亦可从其学术文化中寻求其'普遍价值'。古云'道并行而不相悖'也。马一浮说，弘扬'六艺之学'，'并不是狭义地保存国粹，单独地发挥自己的民族精神，是要使此种文化普遍地及于人类'。"这可谓是对马一浮"国学即六艺之学"命题的当代价值之正解。

儒学的反本开新

马一浮六艺论不仅让国学反本开新，而且也让儒学反本开新。一般说来，"国学"与"儒学"有相通之处，儒学是国学的主流，因此人们往往将儒学等同于国学，将国学等同于儒学。同时，因为儒家孔子对先秦六经作出整理并发挥其大义，所以作为先秦诸子共同承认的六艺被"儒家化"了，这也促使人们往往视国学为儒学。当然，这并不是什么很严重的问题，在很多情况下这种等同也有其合理性。但是，如果要从"学术分工"的角度说，则儒学虽然是国学的主流，但它有自身的思想取向和价值系统，因此与道家等思想区别开来。在传统国学内部，有些学者信奉道家或道教，并恪守道家或道教的立场。他们的思想无疑是国学的一部分，但却不是儒学思想，这是很显见的道理。从这个角度来看，可以说，马一浮的六艺论不仅让国学反本开新，而且也特别让儒学反本开新。

可以说，现代新儒学就是要致力于儒学的反本开新的。现代新儒学的重要人物如熊十力、马一浮、梁漱溟、方东美、钱穆、冯友兰、唐君毅、牟宗三、徐复观等，无不是以儒学的反本开新为己任，并由此展示出各自的学术努力，建立起各自的思想方向。但是，现代新儒家内部也不是铁板一块，有时候他们虽然共同为儒学的反本开新而努力，但其思想取向往往所同不胜其所异。而就笔者的理解来看，大约马一浮、熊十力、唐君毅、牟宗三等人可归为相近的一类，他们都是将"反本"理解为反回心性本体这一大本大源，都是将"开新"理解为开启心性义理之学的新面向。他们试图通过对于心性本体的反本开新，确立对于天地人生之大本大源的肯认，为儒学现代性转进提供最深厚的思想支持，并以此深刻地回应近现代中国的意义迷失的危机，包括"道德迷失""存在迷失"与"形上迷失"等问题。其中马一浮更通过六艺论展示出一个立足于儒学本位的本源本真的意义机制,这个意义机制有着丰富严整的构成脉络,因此具有广泛圆融的解释力和穿透力,也能够自如应对各种类、各层面的意义和价值问题,值得重视。

可以说,马一浮的"六艺论"、熊十力的"新唯识论"、牟宗三的"道德形上学"以及唐君毅的"心通九境"都是回应近现代中国意义危机而建立起来的思想系统。但是,马一浮六艺论在这些思想系统中有什么自身的特色和价值?笔者认为有两方面。首先,从儒学学术史的角度看,六艺论的特色在于它融合了传统儒学的两个大方向而自成一格。传统儒学从孔子之后分为两个大方向和大流派,一个是经学的方向,以解释六经经典为主;一个则是理学的方向,以发明心性义理之名相为主。许多儒者在两个方向上都兼有贡献,但却从来没有人能够圆融深入地将这两个方向融会起来。马一浮做到了,他通过探寻六艺的义理根据,深入到简易之道、性德本体上去,同时又从简易之道、性德本体引申出六艺。经过马一浮的诠释,六艺与心性义理成为二而一、一而二的关系,从而使得他的六艺论成为现代新儒学的典范之一,值得我们思考、继承和发展。马一浮的这种儒学思想方向既是"反本"的,因为它反归到传统儒学的两个大方向上去;同时也是"开新"的,它通过融合经学和理学,以新的方式展示出儒学的"一贯之道"，同时也展示出儒学更为深厚的解释力和丰富的系统性，为儒学在现当代的进一步发展提供了基础。不过，六艺论对于儒学来说，虽然"反本"与"开新"兼而有之，但是其"反本"的取向更明显一些，而"开新"的力度较之熊十力、牟宗三等人的工作则略显不足。

另外，六艺论在现代新儒学中的另外一个特色是它特别重视修养工夫和修养实践。现代新儒家受到西方哲学和现代学术的影响，往往重视哲学思辨的向度，而多忽视心性修养和工夫实践的一面。但马一浮六艺论则特别重视工夫问题，工夫问题甚至成为六艺论最关键的内容。因为在马一浮看来，六艺就是人人性分中所本具的道理，因此如果不能见性复性，那么六艺之道就不能显现，六艺的意义和价值就落实不下来。因此他强调通过"敬"的工夫以"见性"，通过"孝"的工夫以"践形"，这样才能落实六艺的全体大用，才能成就充实善美的六艺生活。六艺论对于敬、孝工夫的强调和展示，其实也是一种儒学的反本开新工作。它继承了传统儒家的工夫论，但同时也在回应着当代性的问题。马一浮敏锐地看出当代人们的一切意义迷失、一切争端战祸，都是习气遮蔽性德所致，因此他通过"去习复性"的工夫论来对治当代人们的各种习气。这种工夫论在当今不但没有过时，反而具有迫切性，值得重视和研究。

文化的反本开新

六艺论不但对于国学、儒学起到了反本开新的作用，同时对人类文化也起到了反本开新的作用。笔者这里所说的"文化"，主要是相应于"人道""人文"而言的。《周易》说："观乎天文以察时变，观乎人文以化成天下。""天道"与"人道"、"天道"与"人文"的关系，既是一个古老而传统的问题，同时也是当代社会亟待重视的问题。现代性的社会崇尚天人二分，崇尚人类中心主义，崇尚主体对于客体的理性化宰制和规划，崇尚人通过知识和科技的力量利用自然，利益人类。无可否认，现代性社会的这种做法起到了提高人类生活质量、改善人类生存环境的作用，但是其带来的破坏环境、竭尽资源、损害和谐、戕贼人性等负面作用却万不能小觑。究其原因，是现代性社会和现代性思想难以从根本上处理好"天道"与"人道"、"天道"与"人文"的关系问题，无法达致天人的一体和谐之境。

在这个背景下，传统的东方思想可以为人道和文化的这种困境提供某些思想回应。以孔孟的"仁学"为例，孔孟通过对于"仁"的阐发，揭示出了人与自然（天道）、人与他人、人与自我身心的和谐性关系。孔子说"仁者爱人""修己以安人""知天命""修身以道，修道以仁""仁者乐山""智者乐水""思知人，不可以不知天""老者安之，朋友信之，少者怀之"，孟子说"万物皆备于我""反身而诚，乐莫大焉""亲亲而仁民，仁民而爱物""尽心知性知天"等等，他们对人与自然、人与他人、人与自我身心三方面的和谐有本源性的思考和提示。马一浮六艺论继承了孔孟的仁学，同时它发展了"仁"的思想。六艺论指出六艺之本体在于性德，性德之全体即是仁，而仁是天道与人道的共同根源。因此，由仁心性德流淌展示出来的六艺之道，充盈于整个天地之间，整个天地不外乎是六艺的表现而已；同时，这个六艺之道也充盈于人类的整个本真的生活形态，人们可以通过工夫修养，践行六艺之道，最终陶成德性，成就身心充实的生活和人生；同时还可以通过自己的六艺生活感染及人，让他人甚至整个社会得到六艺之教的熏陶，并且以此革除习气流失，回归性德之真，践行孔子所说的"己欲立而立人，己欲达而达人"的真谛，故马一浮谓"今日欲弘六艺之道，并不是狭义的保存国粹，单独的发挥自己民族精神而止，是要使此种文化普遍地及于全人类，革新人类习气上之流失，而复其本然之善，全其性德之真，方是成己成物，尽己之性，尽人之性，方是圣人之盛德大业"。这样，马一浮通过六艺，让人与天道自然、人与他人、人与自我身心得到了本源、丰富、真实的和谐和通畅，从六艺的全新角度努力践行并成就古人所说的"为天地立心、为生民立命、为往圣继绝学、为万世开太平"的愿景和志业。我们其实大可不必追问马一浮的六艺论是否就是孔子六艺之教本来的面目，但我们不能否认马一浮通过六艺来发挥了孔子仁学的各方面的意蕴。马一浮这种工作的当代价值是不言而喻的：他展示了一个多脉络、多层次、多角度并适应当代人生存状况的仁学系统和修养工夫系统，让古老的儒家仁学在当代生活中发挥作用。

当然，马一浮的六艺论虽然提示出"天道"与"人道"、"天道"与"人文"的本源和谐关系，指引了当代人类社会在"人道"和"文化"上的反本开新之途，但是马一浮对六艺论只是勾画出一个轮廓，他尚未完全、具体、充分地将六艺论的思考延伸并参与到当代社会和生活中去。同时，由于六艺论只是植根于东方经验的文化思考，在当今全球化、多元化的时代，宣称"涵摄一切"的六艺论能够通过它的"普世价值"解决东西方的"一切问题"，尚有待我们的努力研究和探索！

附录

年　谱

1883 年（清光绪九年）　农历二月二十五日出生于四川成都，
　　行四，幼名福田。六岁随父返回原籍浙江绍兴。九岁
　　能诵《楚辞》《文选》。

1893 年（光绪十九年）　母亲病故，逝世前指庭前菊命作五
　　律，应声而就。

1898 年（光绪二十四年）　奉父命赴绍兴县城参加县试，名
　　列第一。

1899 年（光绪二十五年）　娶绍兴贤达汤寿潜长女汤仪为妻。
　　此后三年内，二姐、父亲、妻子相继去世。

1903 年（光绪二十九年）　以清政府筹备圣路易斯世界博览
　　会工作人员身份到北美，研究西方追寻思想，以图救
　　国救民。留美期间遍阅西方政治学、哲学和文学方面
　　的著作。翌年回国，变卖家中薄产，再东渡日本游学。

1906 年（光绪三十二年）　寄居杭州西湖广化寺，广读文澜
　　阁《四库全书》，究心考据之学，留下大量笔记。

1913年　居杭州延定巷。此后数年精研佛老之学，与洪允祥、曹赤霞、李叔同、苏曼殊、金蓉镜、陈独秀、叶左文等人交往论学，并与月霞、肇安、慧明等高僧大德结为方外友。

1917年　结识楚泉禅师，受楚泉点化，其后究心禅学，反归自己，了悟心源。

1918年　蔡元培邀其任北京大学文科学长，以"古闻来学，未闻往教"辞之。

1929年　与熊十力订交，两人论学甚相契，其后为熊十力《新唯识论》作序。

1937年　由杭避寇至桐庐，丰子恺偕家眷来相依。其后转至浙江开化，受到老友叶左文照顾。

1938年　应浙江大学"特约讲座"邀请，至江西泰和为浙大师生讲六艺大义，讲稿编成《泰和会语》。同年十月，随浙大迁至广西宜山，继续为师生讲座，讲稿编为《宜山会语》。

1939年　应友人邀请，到四川乐山筹备复性书院，其后任书院主讲。熊十力、贺昌群等来相助并任讲座。于复性书院讲学凡六年，讲稿和论学书信编为《复性书院讲录》和《尔雅台答问》。

1941年　因教育部干扰，辞去讲席，专事刻书。

1946年　由四川乐山回杭州，复性书院随之迁至杭州葛荫
　　　　山庄。

1950年　入住西湖苏堤定香桥蒋氏别墅。

1953年　被聘为浙江文史馆馆长。翌年被聘为政协全国委
　　　　员会特邀委员。

1964年　好友谢无量去世，有挽联及诗悼念。

1966年　为避"文化大革命"灾祸，暂住大华饭店，后
　　　　至安吉路，终日冥坐，所藏书籍等被浙江图书馆抢救
　　　　保存。

1967年　4月，因胃出血住院，6月2日与世长辞。临终前
　　　　作《拟告别诸亲友》。

主 要 著 作

1.《泰和宜山会语》1939年木刻本。现收入《马一浮
集》第一册。

2.《复性书院讲录》凡6卷，1942年木刻本。现收入
《马一浮集》第一册。

3.《尔雅台答问》凡1卷，1941年门人所编木刻本。
现收入《马一浮集》第一册。

4.《尔雅台答问续编》凡6卷，1943年门人所编木刻

本。现收入《马一浮集》第一册。

5.《避寇集》1941 年木刻本。现收入《马一浮集》第三册。

6.《马一浮集》凡 3 册，1996 年由浙江古籍出版社和浙江教育出版社出版。

参 考 书 目

1. 毕养赛主编：《中国当代理学大师马一浮》，上海人民出版社，1991 年。

2. 马镜泉、赵士华著：《马一浮评传》，百花洲文艺出版社，1993 年。

3. 乌以风编述：《马一浮先生学赞》，自印本，1987 年。

4. 滕复著：《马一浮思想研究》，中华书局，2001 年。

5. 夏宗禹编：《马一浮遗墨》，华夏出版社，1991 年。

6. 吴光主编：《马一浮思想新探》，上海古籍出版社，2010 年。